離開後留下的東西

遺物整理師
從逝者背影領悟到的生命意義

떠난 후에 남겨진 것들
유품정리사가 떠난 이들의 뒷모습에서 발견한 삶의 의미

金璽別（김새별）——著
蕭素菁——譯

[前言]

離去的人所教給我們的

「璽別啊……我們家哲洙（철수）死了。你和哲洙從小就像親兄弟一樣要好，所以想說應該跟你講一下。」

我已經記不起來，聽到最要好的朋友已離開人世的那一天，我是怎樣掛上電話走到告別式場的。等意識稍微清醒過來時，我已經身在告別式場，正抱著哲洙的母親痛哭。

年僅二十三歲，這位朋友最大的夢想是擁有一台摩托車。當他騎著用第一份薪水買來的摩托車時，卻在路上與違反交通號誌的車輛相撞身亡。享受擁有夢想的喜悅日子，連七天都不到。

我和他一起度過童年時期和求學階段，在我人生的每個轉彎處，哲洙都佔有一席之地，幾乎不曾缺席。如此重要的朋友，我卻不能為他做什麼。如果他活著，儘管我所能做的也只是握著他的手說聲加油，但至少我還可以做得到，可是如今他卻成為冰冷的屍體躺在那裡。我的眼淚，還有母親懇切撫摸兒子的雙手，都無法救回他。現在能為他做的，只有好好送他最後一程。

從出生後至今，那天是我第一次觀看入殮過程。禮儀師面帶嚴肅地默唸完之後，開始誠心慰問失去朋友、失去兒子、失去哥哥的我們。接著就竭盡心力地擦拭我朋友的遺體。從頭到腳，只要禮儀師雙手擦過的地方，朋友的身體似乎就透出清澈的光澤。真是充滿靈魂的一雙手。

現在他要為朋友拭淨過的身體穿上壽衣。彷彿在對待還活著的人一樣，他小心而細膩，同時謹守著對亡者的禮儀。當整個入殮過程結束時，他的鼻梁上已凝結出一顆顆大粒的汗珠。

從他對待我朋友的態度當中，我得到莫大的安慰和感動。他不僅妥善處理了失去生命的肉身，而且守護了朋友在人間最後的尊嚴。比起什麼都沒做的我，雖然他與我朋友素昧平生，卻為朋友做了人生最後旅程所需的一切。

那天之後，有一段時間我的腦海裡經常盤據著他的形影。工作做到一半，吃飯吃到一半，走路走到一半，只要想起當時的景象，心中的一角便不禁覺得肅然。

就這樣到某一天，在告別式場工作的友人拜託我幫忙介紹願意從事葬儀工作的人。真是令人難以置信，我竟不自覺地脫口說自己想試試。現在這一行都有教育訓練機構，新人可以有系統地學習，但在當時既沒有地方可以學，也沒有禮儀師這項職業的稱呼。

我就在什麼都不懂的情況下，投入了葬儀的工作。一開始非常吃力，連伸手碰觸躺在太平間的冰冷遺體都不敢。對於很多人無法完整接受死亡一事，我也受到不小的衝擊。更明白要像電視劇演的一樣，帶著身邊家人滿滿的愛去克服對死亡的恐懼，然後平靜地迎接最後一刻，這根本是千人當中難得見到一名的極大幸運。其實有相當多人是無法善終、孤寂冷清地死去。

就這樣過了一年，接著又過了五年，如今我被冠上「韓國最年輕的事務長」頭銜。偶爾我會寫下一些對工作的感想，也會將它記錄在部落格裡。某一天，有位女士看了部落格後跟我聯絡，她說父母親已經過世，想要整理他們的遺物，但是只要一打開父母家的玄關門，內心就傷痛無比，完全無法再往內走一步。

當時她的母親生病了，但卻堅持對子女守密，只讓丈夫來照顧她。然而力不從心的父親竟然先離開人間，不久後母親也隨之過世。女兒知道這一切後都太遲了，從此承受著無限的悲痛與自責。

我無法拒絕她叫我幫忙整理遺物的請託，同時也第一次明白到一件事。原本以為委託人是因為覺得要整理亡者留下的遺物太辛苦，但事實並非如此。不是因為不重視離世的親人或者不愛他們，情況正好相反，他們通常是因為對獨居而亡或自殺身亡，甚至因犯罪而被奪走生命的家人心懷罪惡感及悲傷，所以無法親手整理他們的遺物。

從那天起，我開始認真思考遺物整理這項工作。隨著家屬的請求一件件增加，最後終於開了現在這間公司。我決定將工作從過去十二年從事的禮儀師改成遺物整理，是因為認為這樣做可以減輕活著的人的痛苦，也是在人世間必須做的一件事。

於是我開始當起遺物整理師，至今不知不覺也過了將近十年。我在現場所能做的事，只不過是將亡者留下的痕跡清理乾淨，將遺物整理好交給家屬，最後再打掃周邊而已。然而每當整理亡者遺物時，總感覺到有太多令人遺憾的死亡，值得我們去記憶。此外，身為一名近身轉達亡者生前最後訊息的送行者，也有責任要說出他們想講的話，連帶還抱持一個小小的願望，期盼能因此改變人們對遺物整理師的負面看法。

這本書不是一本描寫「一個人出生、經歷各種事之後死亡」的自傳，從社會角度來看，也不是想要傳達可以閒聊的刺激性話題。只期待讀者能從這些離開的人的背影當中，務必要記得一件事。因為在我們不經意擦身而過的各種死亡裡，其實正包含將來某一天我們自己所要面臨的狀況，我所愛的家人可能要經歷的「今日」，以及現在住在我們身邊的隔壁鄰居的故事。對我們而言，真正留下來的不是房子、金錢、名聲，而是曾經深愛過誰，以及被深愛過的記憶，僅此而已。

轉行從事遺物整理後，我碰到過太多收藏著哀痛記憶的人。有一次到現場，看到亡者的父親幾乎已經將遺物整理完畢，我們問他為什麼要親手整理？女兒過世已經很傷心，這些事情交給我們來做就好了。結果他回答說：

「女兒是因為我而來到這個世界，後事不也應該由我處理？」

這位父親雖然整理好了，但卻不知道打包起來的東西該如何處理，於是對房東道歉說房間可能需要消毒，才聯絡我們來幫忙。

還有一次接到的委託案是去消除電梯裡的惡臭，這是個讓人難忘的現場。我後來才知道，惡臭的來源在電梯下方，一名聚餐喝酒後返家的三十歲上班族，靠著電梯門站了一會兒，結果不小心摔落到電梯下方，直到死後一個月才被發現。聽到消息趕來的母親抱著已經腐爛的兒子屍體慟哭，看到這位母親傷心地哭泣，我也忍不住掉下了眼淚。

父母的愛總是令人不可思議。這是間半地下的房子，住著一名獨自迎接死亡後十五日才被發現的五十歲男性。整理遺物時，我們找到一本手掌大小的筆記本，打開一看，裡面抄有「死前想做的十件事」。

「想去電視介紹的美食餐廳」、「想聯絡朋友，聽他們的聲音」，最後是「想記住女兒出嫁時的身影」。但是他的獨生女在德國留學，連父親已經得肝癌過世的消息都不知道。為了讓在遙遠異鄉的女兒能專心求學，爸爸對她隱瞞了自己生病的消息。

能為失去珍貴親友的人減輕悲傷與痛苦——哪怕只是一點點，或是為離開人世的亡者做最後的整理，不需任何人說明，我們都知道這些事深具意義。但是另一方面，我也不希望繼續做這樣的工作。孤獨死亡、自殺、犯罪死亡……，這些悲劇最好都能消失，這樣我的職業就沒有存在的必要。

這一天真的有可能來臨嗎？不過至少我們可以減少悲劇的發生，只要我們對家人、對鄰居多抱持一點關心。我們或許不知道，一通問候的電話和一句溫暖的言語，都可能成為足以支持某個人活下去的力量。抓緊曾經一度想放棄的生命，讓他可以重新開始，並不需要花費太多力氣。只要體認到對方是自己所珍視的人就夠了，這件事所需要的只是體貼和親切。

懇切希望透過我的遺物整理經驗，能讓讀者更加懂得珍惜身邊的人，重新尋回生命的意義。也希望讀者能心存感謝地和自己所愛的人一同生活，並領悟到「只是生活」與「心存感謝地生活」兩者之間的差異。

讀者與我，我們的存在都是珍貴而重要的。世界上一定有人會因為我們好好活著而心存感謝，只是我們自己不知道而已。

目次

第一章

如果當時能懂得
多愛彼此

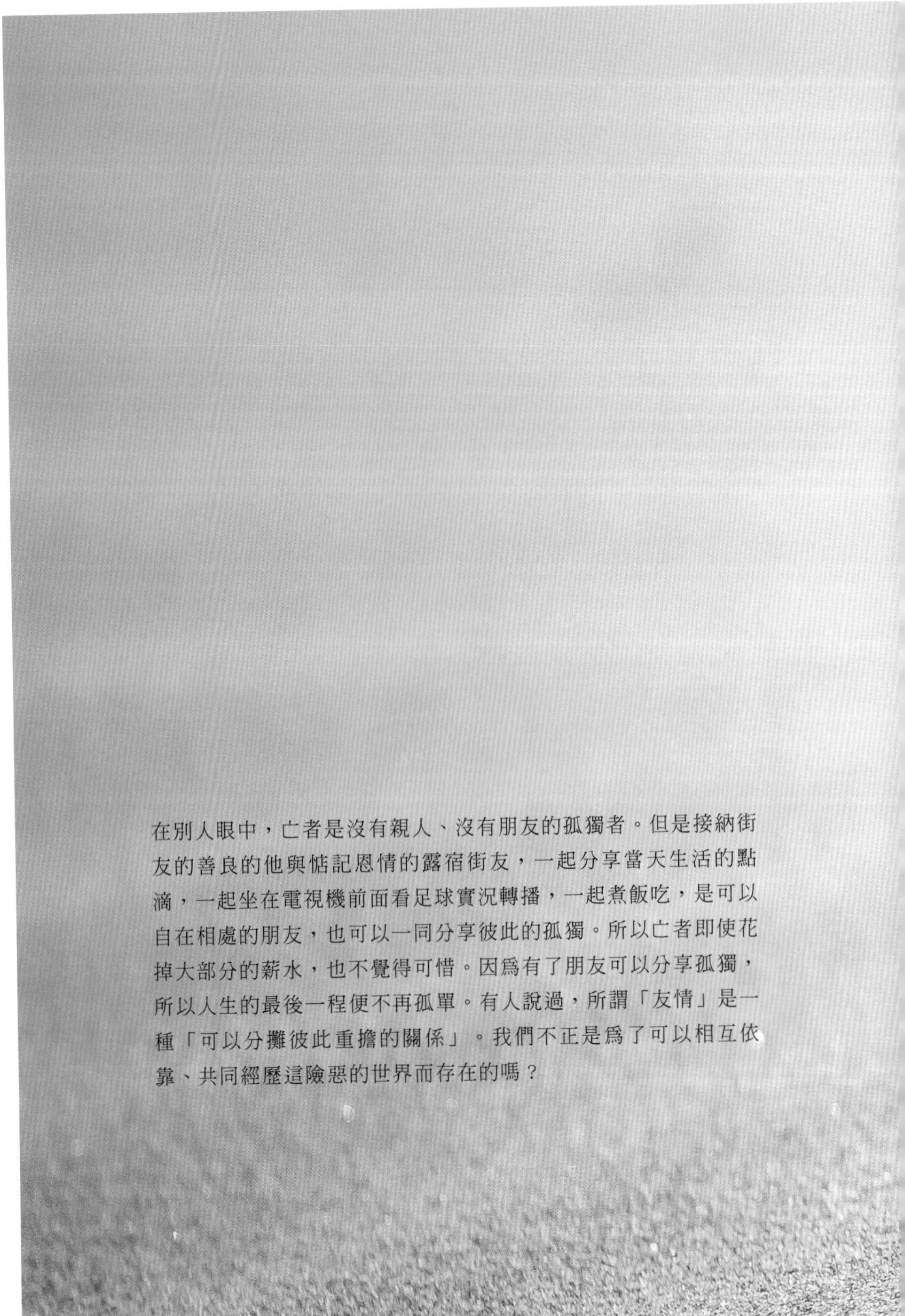

在別人眼中，亡者是沒有親人、沒有朋友的孤獨者。但是接納街友的善良的他與惦記恩情的露宿街友，一起分享當天生活的點滴，一起坐在電視機前面看足球實況轉播，一起煮飯吃，是可以自在相處的朋友，也可以一同分享彼此的孤獨。所以亡者即使花掉大部分的薪水，也不覺得可惜。因爲有了朋友可以分享孤獨，所以人生的最後一程便不再孤單。有人說過，所謂「友情」是一種「可以分攤彼此重擔的關係」。我們不正是爲了可以相互依靠、共同經歷這險惡的世界而存在的嗎？

不忍寄出的一封信

剛入秋，在陽光依舊溫暖，卻已吹起陣陣涼風的某個午後，我的辦公室接到了一通電話。打電話的人是一名大廈管理員，他說有個房間因爲房客身亡而發出惡臭，委託我們去打掃。約好時間，我們帶著設備去到那裡，地點是首爾大學附近的一間套房。管理員開門讓我們進去，房間不大，除了單人床之外，壁櫥、洗手檯、書桌、書櫃就是全部的傢俱。窗戶四周的縫隙被細心地貼上了一圈藍色的膠帶。

管理員說：

「是燒炭的。」

床上的床墊明顯留著死亡的痕跡。我們必須先用黑色的塑膠包材將床墊包上好幾層，然後再搬到外面去。這是因爲在搬運過程中，可能會因爲已經滲入床墊的腐敗物質跑出來而發出惡臭。

床墊清理完後，呼吸變得比較順暢一些。我裝上攜帶式抽風機，把窗戶全部打開讓房間通風。這裡的建築物並不密集，風勢也不小，就算把窗戶都打開，也不會影響到鄰居。

要開始整理遺物了。第一個映入眼簾的是放在書架上像盤子般的獎牌。拿起獎牌一看，上面刻的字令人訝異，原來亡者是首爾大學牙醫學院第一名畢業的準牙醫。書架上豎著密密麻麻的醫學書籍，書桌與房間地板也都堆滿了書。我們打開其中一本貼滿便利貼的書，看到裡面到處都有用螢光筆畫的重點，還有用芝麻般大小的英文字抄滿的筆記。那一刻馬上可以想像得到，亡者在念牙醫系的期間有多麼用功。

看起來他一直非常認眞用功。他所念的科系是成績列在前一％的學生才有機會進入的志願，想必從進小學之後，學生時期都努力維持著最好的成績。

這位進入大學窄門科系、到畢業爲止都考第一名的秀才中之秀才，現在已經是一名牙科醫師，但是這樣人人稱羨、大可以好好活著的年輕人，爲什麼會自行結束生命？

把書裝進箱子裡的同時，腦海裡「爲什麼？」的疑問一直盤旋不去。我會打開夾雜在書堆中的一個線圈筆記本翻看好一會兒，也是因爲這個揮之不去的疑問。

筆記本裡每一頁都寫著一些像詩又像歌詞的文字。內容包括與心痛的離別有關的文字、與甜蜜的愛情有關的文字，以及看起來像是反抗這個世界的文字。我心想會不會是最近年輕人喜歡的流行歌曲歌詞，但是問了一旁的年輕職員，他們都回答不知道。

我心中帶著疑問繼續整理遺物，此時看到壁櫥裡的角落放著一把吉他。或許是經過主人雙手的彈撥，吉他已經明顯褪色。因爲我曾經一度熱衷彈吉他，所以熟練地撥了幾下吉他弦。不知是否主人最近常彈，調弦的狀況還很良好。

吉他旁邊有一只箱子，打開一看，裡面裝滿了樂譜。在五線譜上有直接畫好的音符以及塡好的歌詞。這也是剛才在線圈筆記本上看到過的文字。

樂譜足足有好幾百張。愈到箱子的下方，樂譜的顏色也漸漸不同，壓在最底下的部分甚至已經發黃。

正打算將樂譜重新放回箱子裡時，有封信咚一聲地掉到地板上。收信人的地址是在慶尚北道的某個地方，信封上連郵票都貼好了，信封口也已經封上。我心中掙扎了好一會兒，覺得有可能是一封重要的信，所以還是決定打開來看。

致 思念的母親

天氣突然變冷了，這種連寒風都沁入屋内的嚴冬，眞是令人擔心，不知道您要

孩子是怎樣揣測父母的心意？身為一名禮儀師，工作上見到過無數的死亡場面，在現場我幾乎不曾看過孩子抱著往生的父母哭，但是父母一定都會把過世的孩子抱在懷裡哭泣。

怎麼度過。不要捨不得開暖爐，萬一要是感冒的話，身體會不舒服，而且還要花錢買藥，損失反而更大。對了，爸爸的腰還會痛嗎？有沒有好一點。這樣折騰來折騰去，媽媽眞的辛苦了。

如果眞的感冒了，不要因爲捨不得花錢而忍受病痛，一定要去醫院。要吃好一點，不要每天只是吃草，有時也要吃一些肉，草就拿去餵牛吧。

我在首爾過得很好，都有認眞上課，三餐正常吃飯，身體也很健康。不久前，我還和同學組成讀書會，大家約好一起念書，而且我原本做人就不錯，所以大家也幫了我很多忙。

媽，我會認眞念書，趕快當個醫生。等我當上醫生後，一定幫您裝上最好的假牙，家裡也要裝修，還要讓爸爸的腰部接受手術治療。眞希望那一天趕快到來。雖然一切都很好，但還是好想媽媽。

這是個感情豐富的兒子。信裡的每一字每一句，都能感受到孩子對母親深深的愛，也透露出希望盡快讓父母過好日子的願望。現在兒子已經畢業了，這封信想必是很久以前寫的。但爲什麼沒有把信寄出去？又爲了什麼踏上尋死一途？不僅放棄了燦爛的未來，還捨下心愛的母親。

這世上的死亡都有理由，雖然不知道他選擇死亡的理由是什麼，但顯然對他來說，活著比死還痛苦。即使他過的是別人眼中值得稱羨的生活，但背後卻隱藏著難以承受的痛苦。到底是什麼樣的痛苦？

重新把這封信放入裝樂譜的紙箱裡，年輕的職員說了一句話。

「看來他是想當作曲家的。」

「你說的這是什麼話啊！他可是首爾大學牙醫系第一名畢業生耶。」

「那是他畢業的學校。但是就算牙醫系畢業，還是有可能想做別的事啊。」

那一瞬間，我的後腦勺像是被重擊了一下。這名職員說的話沒有錯，牙醫系畢業的人並不一定都是想當牙醫。從信中的內容推斷，家中的經濟窘困，父母的健康狀況也不佳，因爲沒提到其他兄弟姊妹，看起來極有可能是獨生子。想當醫生的念頭應該就是這個原因——他有一個需要承擔許多責任的沉重人生。

然而他眞正想做的事是寫歌。這是他無法對其他任何人啓齒的夢想，而這個像傻瓜的年輕人並不知道，讓父母看到他幸福過著想要的生活，這才是眞正的孝道。他並不了解，雖然他這個兒子令人感到驕傲，但原因不在於他的天資，也不是因爲他快要成爲醫師，而是在於他是父母的孩子，所以在父母心中是無比的重要。這個孩子還來不及領悟到：只要兒女好好活著就足以令父母感激涕零啊。

孩子是怎樣揣測父母的心意？身爲一名禮儀師，工作上見到過無數的死亡場面，在現場我幾乎不曾看過孩子抱著往生的父母哭，但是父母一定都會把過世的孩子抱在懷裡哭泣。

曾經有一次接到聯絡，說是發現一具橫死的屍體。在我們前往善後當天發生了這麼一件事，從長髮來看只能推測是名女生，而在難以辨識的形體面前，大家都捏著鼻子站得遠遠的。但是就在那時有人跑過來，抱著屍體開始痛哭，原來是亡者的父親。父親用臉貼著女兒的臉磨蹭了好一會兒，一直留在那裡不肯走。

不管是死還是生，或者肉身已腐，她都是父親最疼愛的女兒。

對子女的小小期盼

不知因爲什麼事如此急切，連作業程序都還來不及說明，遺屬已經一窩蜂衝進房間。他們打開衣櫃，翻找棉被之間的縫隙，然後拉出抽屜，把它整個翻倒在地上。男女共五人，從他們對彼此之間的稱呼聽起來，應該是亡者的女兒、女婿和兒子。

我問是什麼遺物，讓大家找得手忙腳亂，聽他們說是在找房地契。

「到底是藏到哪裡去了？」

「聽說有金戒指和金蟾蜍，怎麼找不到？」

在臥房裡什麼都沒找到，家屬又轉到其他房間和客廳，開始四處翻箱倒櫃。

反正東西最後都會轉交給他們，但家屬如果把房子翻得亂七八糟，只會增加打掃的困難。就算我只是個受委託者而他們是我重視的顧客，內心還是會猶豫是否眞的要幫這種客人打掃。

我告訴他們我會在門口等，然後就往外面走去。時值烤箱般酷熱的盛夏，只要靜靜站一會兒，馬上就汗水直流。大概經過近三十分鐘吧，時間已經無法再拖下去了，我必須趕在鄰居下班回家前整理完畢。

當我打開門要走進去時，正好家屬也往外面走來。不知是否沒找到想找的東西，家屬的臉上帶著一絲不耐。聽起來像是大女婿的人，要求我如果有找到東西的話，務必轉交給他們。這是理所當然，相簿、手機、身分證、各種文件、圖章、現金、貴重物品等，就算客人沒有要求，我也一定會交給家屬。

被家屬翻過一遍後，屋內看起來更顯紊亂。我們將區域及人員分配好後就開始整理，不過到我們打掃完畢爲止，家屬要找的東西一直沒有出現。

我指示工作人員將裝有遺物的箱子搬上車，接著又擦拭整理過程中發現的相簿和照片相框。我走到外面想要轉交給家屬，望見家屬都聚集在大樓入口處。

「沒有看到其他東西，只有這個。」

女兒帶著失望的表情接過相框和相簿。就在那一瞬間，兒子把東西搶了過去，丟到我們停在一旁的車子裡。

「味道這麼重，幹麼還帶這個走！」

一陣吵嚷之後，相框玻璃破掉了，這張是父母合照的照片。如果有所忌諱，至少也該把照片拿出來珍藏吧。

我跑進車子裡，將相框拿下。

「只把照片拿下來，應該沒關係。」

爲了把照片取出，我扳下了相框背蓋。這時突然有個東西掉下來，原來是現金和一個信封袋！東西藏在相框內層被裁切過的發泡塑料裡。家屬的視線立即集中在車廂外的地上，兒子也跑了過來。我撿起現金和信封袋正準備交給他，不過他快了一步先伸手搶過去。

亡者家人全都湧上來，兒子開始算有多少錢，他說總共有五百萬韓幣。在信封裡還裝有一張房契。

我把照片交給兒子。

「至少這張照片要好好保存吧。」

兒子雖然面露不耐，但自己也覺得過意不去，所以勉強接受了。對他而言，重要的還是房契和現金。

那筆錢是要留著做爲喪葬費之用。直到死前那一刻還惦記著子女的人就是父母，父母絕對沒想到子女想把他們的照片丟掉，所以才會將現金及房契一起裝進相框裡，但是子女竟然將亡者的照片全當垃圾處理。父親獨居死亡後過了二十天，子女才得知這個消息，結果卻沒有任何人傷心。第一個發現亡者屍體的也不是子女，而是住在隔壁的老爺爺。

像這種情況，通常家人對於沒能早點發現、及時挽救這件事，都會心痛地感到悔恨自責。每次碰到這樣的家屬，儘管心中懷疑是否眞能安慰得了悲傷的他們，我還是會盡量傳達慰問之意。

不過那一天並沒有任何家屬感到悲傷，所以也不需要慰問的話語。這是我第一次希望人是沒有靈魂這回事的。如果亡者有靈魂，當他目睹這一切時不知是怎樣的心情。

無視旁觀者的眼光，想要的東西已經到手的家屬彷彿事情都已處理完畢，匆匆離去。只有我帶著難以掩飾的落寞，留在原地徘徊。

在廁所獻上一朵菊花

小時候如果碰到有人過世，大人都會講些優美的話。

「到遙遠的天國找天使去了。雖然不會再回來，但是在那裡身心都不會感到痛苦，能過著幸福的日子。」

幸好在我的成長過程中，並沒有對死亡抱持負面的想法。從事禮儀師這項工作雖是偶然，但或許是因爲成長背景的關係，所以不忌諱處理有關死亡的工作。

不過在接近死亡的現場工作幾年之後，我開始了解到死亡並非像小時候大人們所形容的那樣美麗。然而它也不是件醜陋的事，它只是自然當中的一個片段。

花是花，蟲是蟲，它們只是單純的存在。玫瑰花漂亮，毛毛蟲噁心，這是因爲我們已經帶有先入爲主的偏見。其實世間萬物並沒有美與醜，生與死也一樣。

每次碰到有人失去親人，我們會陪著流淚，表達哀悼與慰問之意。在聽到新聞報導社會事件時，同樣會感到悲傷、遺憾、憤怒，也是基於這樣的心情。

「現在沒了兒子，要靠什麼力量活下去？」

「不知有多苦，太可憐了。」

「怎麼有這種無賴。」

不過如果事件是發生在左鄰右舍時，情況就又不同了。當自己住的公寓發生凶殺事件時，鄰居反而覺得有人死亡這件事讓他們感到不舒服，而且自認運氣不好。鄰居將對於死亡事件的不快，擴大牽怒到處理死亡事件的人。雖然不是每一樁事件的現場都會這樣，但是像我們處理現場到一半、肚子餓去餐廳吃飯時，就經常在停車的巷口遭到當事人鄰居辱罵。

「眞讓人不爽，爲什麼把這種車停在別人家門口？快，馬上移走！」

「進出那一戶人家後又經過我們家，順便也幫我們家門口打掃完再走吧。怎麼不乾脆搬走呢？眞是運氣不好。」

「這是什麼味道！來我們餐廳吃午餐的客人馬上就要來了，您下次再來吧！」

像這種程度還算是客氣的，被喊成「這傢伙、那傢伙」也早就司空見慣，除了各種辱罵之外還常受到撒鹽，甚至潑水的對待。如果不處理事件現場，情況會更惡化，當事人也會受到害蟲及惡臭所苦。我們的工作是爲了要解決這些問題，得不到鼓勵就算了，爲什麼還要受到這種待遇，爲此常令我們感到委屈。

在這段期間裡，有一天我纏著女兒問她。

「今天爸爸去工作時，因爲身上有味道，人家不讓我在餐廳吃飯，大家都不喜歡爸爸，怕爸爸身上有看不到的鬼。妳是爸爸的女兒，沒有聞到爸爸身上的味道嗎？如果爸爸身上有鬼，妳要怎麼辦？會不會害怕？」

女兒聽完我的問題，一邊轉動可愛的眼珠，想了一會兒後反問我。

「爸爸，人死後是不是都會去某個地方？」

「嗯，是啊。」

「那爸爸是幫忙讓那些人可以好好離開嗎？」

「是啊。」

「這樣那些人一定會很感謝爸爸。大家都不喜歡迷路，迷路的感覺很可怕，可是爸爸能幫他們找到路。那這樣爲什麼要怕爸爸？」

該回答什麼呢？女兒的問題我完全無法回答。

這件事總要有人去做，也毫無理由惹人厭或不舒服，但卻又不受大家歡迎，所以只

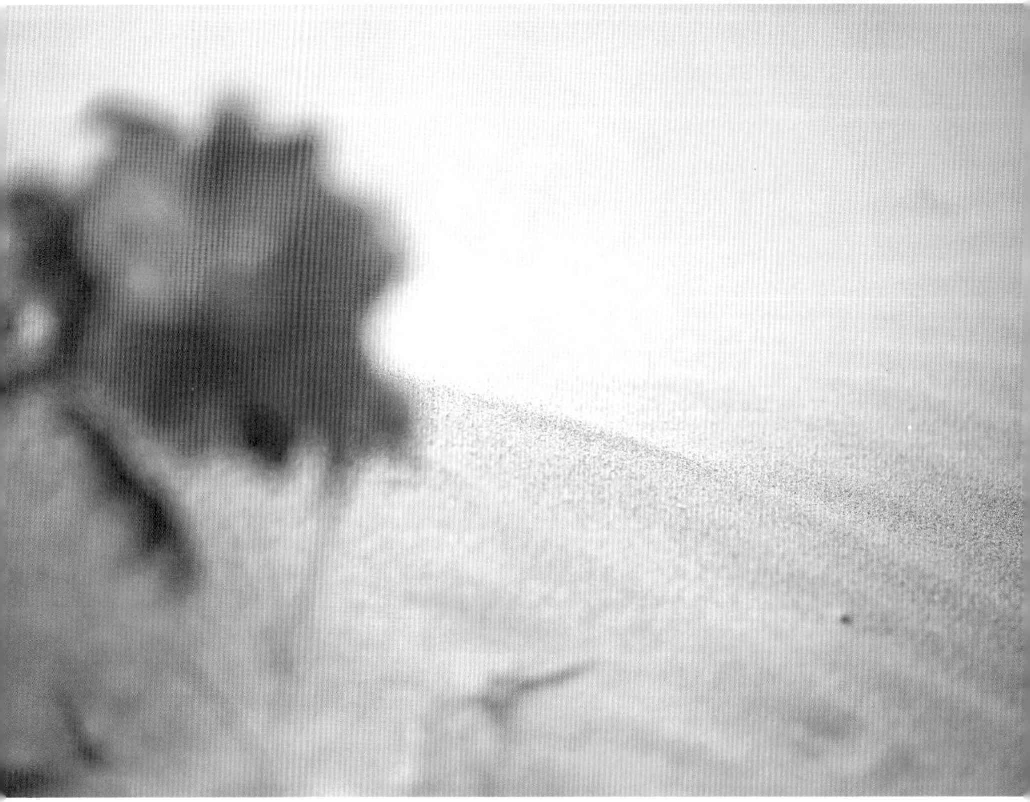

花是花，蟲是蟲，它們只是單純的存在。玫瑰花漂亮，毛毛蟲噁心，這是因為我們已經帶有先入為主的偏見。其實世間萬物並沒有美與醜，**生與死也一樣**。

能偷偷摸摸低調地做。這就是我的工作所存在的矛盾。

一直到現在，聽說有的人家裡還有對參加告別式回來的家人撒鹽的習慣，這是爲了驅趕可能會跟著回家的鬼魂嗎？死亡一直被認爲是件讓人恐懼、不舒服的事，但總有這麼一天，我必須送走心愛的家人，而我也終將離開這個世界。我們都會死，有什麼事會比這件事更明確的嗎？

眞希望大家了解，我只不過是爲先走的人祈求冥福，「原來有人是從事這種工作。也是，這個工作一定要有人做」，如果大家能抱持這樣的想法，眞是再好也不過了。

也因此我一直忘不了，一位手捧菊花站在那裡的女人。

那是某個獨居者死亡的現場，死者的死亡地點是浴室，死因是「伐式效應」（balsalva effect）所導致的心臟痲痺。那是在喘氣或突然施力時，腦部因供氧瞬間中斷而失去意識的現象。這種現象對身體健康的人沒有影響，但是對患有血管或心臟疾病的人則可能引發死亡。

打掃一會兒後聽到敲門聲，打開門一看，一名手捧菊花的女人站在門口。她說是隔壁鄰居，表情感覺像是快要哭了出來。

「就住在隔壁而已，竟然不知道。眞的對不起……。」

女人進到洗手間，將眼淚和一朵花留下之後離去。這種事很少見，所以格外讓人訝異與感動。

我很想代替亡者向那位女子答禮。

「謝謝您記得我，還有來送我一程。」

塑造孩子成為犯罪者的「申師任堂」*

沒有收到公文，這是一樁連警衛也感到納悶的事件。如果警察局有將公文送達全國犯罪受害者聲援聯合會（전국범죄피해자지원연합회）的話，通常那裡會再把公文轉給我們，但是這一次沒有。我們只有聽說這是一個殺害尊親屬的現場。

我在網路上搜尋了當地社會事件和事故的相關新聞，嫌疑犯據說是一名十幾歲的青少年，也就是被害者的兒子。雖然沒有更詳細的報導內容，但是光「殺害尊親屬」這一點就已經引起極大的震撼。

*譯注：朝鮮時代的賢妻良母。

犯罪受害的現場和一般現場不同，會留下警方採集指紋用的粉末，以及被害人的抵抗痕跡等等，變數較多，所以我們通常都會帶著所有裝備和藥品到現場。為了避免有所遺漏，當天早上我就一直專注準備裝備，然後往預計作業兩天的現場出發。

這是一棟設計寬敞平衡的高級公寓，客廳沒有被弄亂，廚房也依然保持乾淨。我打開一處應該算是臥室的房門，但是房門有些奇怪，似乎曾經被試圖整個密封。除了被塗上黏劑外，上面又加塗了矽膠，然後再貼上層層膠帶，門縫也有曾經封死的痕跡。

臥室裡的床上布滿鮮血和腐爛物質，這讓我想起以前處理過的一個現場。當時現場所流的血量之多，大概是一舉起棉被鮮血就馬上嘩啦流下來的程度。眼前在床上的那條棉被大概也是這樣。被害人沒有留下掙扎痕跡，通常這種情形不是遇害時在睡覺，就是已經喝醉酒或是行動困難的身障者才有可能。

我走去另一個房間，看起來像是屋主兒子的房間。打開房門一看，首先映入眼簾的是宛如用獎狀裱貼的一面牆，最優秀賞、金賞、優秀賞、優等賞……全部都是拿到第一名獲得的獎勵，獎杯也是擺滿一整個大櫥櫃，沒有半點間隙。從房間一眼就可以看出來，兒子不僅會念書，在各方面也都表現傑出。

事件發生的過程似乎都在臥室裡，其他地方完全找不到痕跡，連採集指紋的粉末都沾黏不到。正當準備整理現場時，孩子父親那邊的親友也陸續進進出出。從他們交談的對話中，隱含著這起案件的線索。

這是個原本由媽媽、爸爸和孩子一家三口所組成、生活寬裕的幸福家庭，但是從孩子念中學開始，媽媽就開始執著於孩子的學業成績。嘮叨、強迫、威脅、拿棍子毒打，使盡手段逼孩子念書。爲了這個問題，夫妻兩人的關係開始急遽惡化，經常發生口角。雖然有時也會交談，但一直無法拉近兩人想法的差距。最後在孩子進入高中就學時，這對夫妻終於決定離婚。

離婚之後，媽媽對孩子成績的要求變得更加極端。如果拿不到第一名，媽媽就用高爾夫球桿狠打孩子，甚至不停地罵他，不讓他睡覺。爸爸離開後，那麼大的房子只剩孩子和媽媽兩人，如今連個勸架的人都沒有。相反地如果孩子考第一名，他想要的東西媽媽都會買給他。

原本是個聰穎的孩子，只要好好引導出他的興趣，孩子就能自發性學習，而且能有不凡的表現。但是卻因爲媽媽的緣故，讓他變成一個視念書爲壓迫、對成績產生恐懼的孩子。

事件發生當日，正是學校公布考試成績的日子。沒拿到第一名的孩子那天回來照舊得趴下臥直，接受高爾夫球桿的體罰。媽媽一句「明天再說」，讓孩子整夜陷入恐懼之中。

就是那天晚上吧！孩子在自己的房門上練習射擊，他有一把槍。我們整理房間時找到一把槍，仔細一看，是用市面上販賣的高級玩具槍所改造的，不過子彈不是塑膠做的，而是鐵。

看起來有發生過槍擊，房門被打到好幾處凹陷。我們也有找出好幾把刀，雖然大部分是可攜帶式的小刀，但是刀刃尖銳的程度足以令人膽顫心驚。

是不是因爲承受不了極度的壓力，所以拿這些恐怖的武器當玩具把玩？還是早就計畫好的嗎？總之，孩子就這樣成了潛在的犯罪者。

聽說孩子害怕明天母親睡醒後起床，所以犯下滔天大罪。他對熟睡的母親刺了好幾刀，因爲害怕母親會活著打開房門走出來，於是又在門縫上塗了強力膠。

過了幾天之後，屍體開始腐敗發出臭味。孩子買了幾個做泡菜用的保鮮膜，將屍體一層又一層包裹好。沒想到屍體腐敗的速度反而因此加快，惡臭也愈來愈嚴重。雖然他在原本塗有強力膠的門縫上又塗了矽膠，但還是有惡臭傳出來，所以他又再加貼好幾層膠帶。

發現犯罪事件的是孩子的父親。他每個月都會寄生活費，因為一直聯絡不到孩子的母親，所以直接聯絡孩子。他發現孩子不停地閃躲，藉故說媽媽外出無法接電話，父親感到奇怪跑來家裡時，孩子也推託不讓父親進門。後來父親趁孩子上學時找鎖匠開門進去，沒想到目擊了這個令人難以置信的景象。

這是足以讓所有父母深思的現場。到底錯誤是從哪裡開始的？被害人為何對孩子的成績如此執著，致使高三的孩子變成殺人犯，而自己也成了殺人事件的被害者？

被害人愛她的兒子，不，她相信自己愛兒子，所以為了兒子的將來，她覺得應該要狠狠逼孩子念書。如果是頭腦不好的孩子就算了，但是像兒子頭腦這麼好，她相信只要稍加督促，一定可以拿全校第一名，更能如願進入首爾大學，成為醫生或法官。只要再加把勁，再加把勁。就這樣紅蘿蔔與鞭子交錯使用，逼迫孩子念書。

一直到高三，被害人相信孩子的好成績都是靠自己這樣逼出來的。但是這樣還不夠，她覺得必須考第一名才行。最高點就在眼前，只要再往前一些，就可以到達目標，所以她更常鞭打孩子，除了揮舞高爾夫球桿外，還要熬夜訓斥兒子，不讓他睡覺。

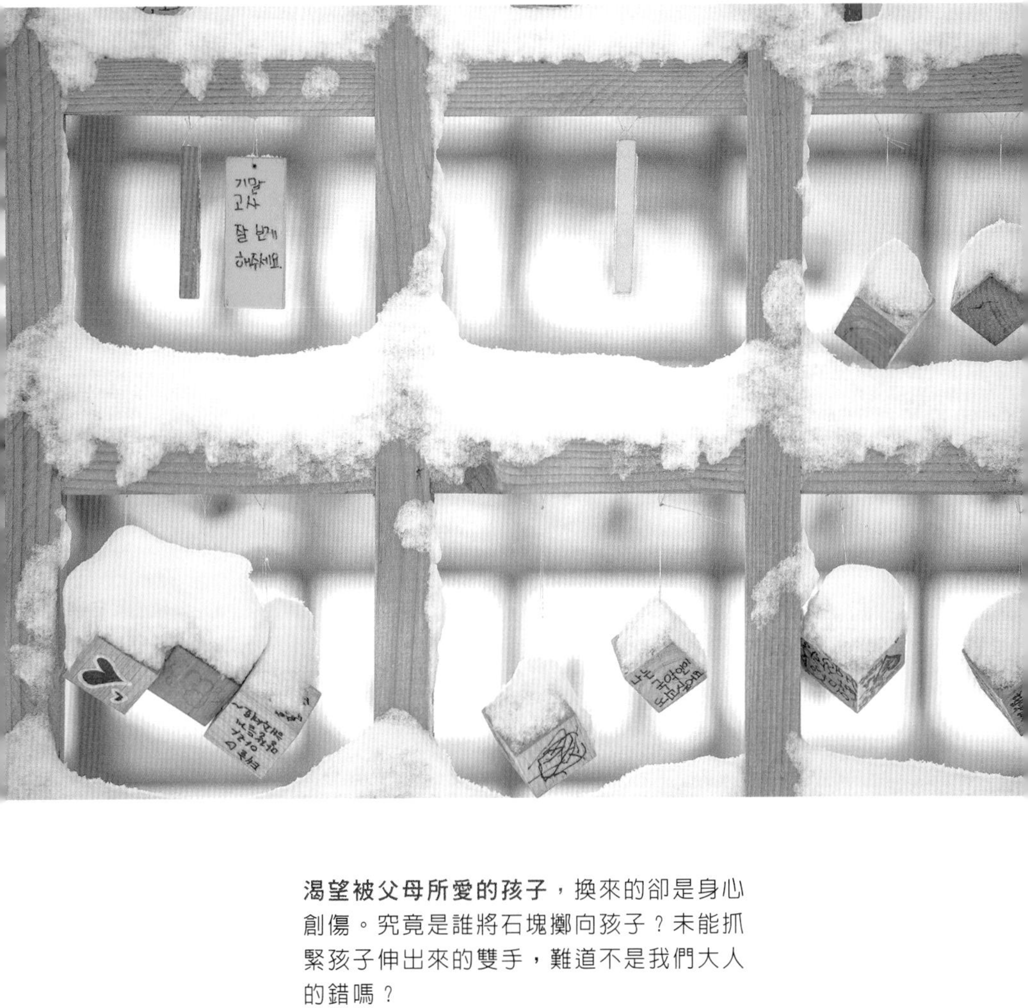

渴望被父母所愛的孩子，換來的卻是身心創傷。究竟是誰將石塊擲向孩子？未能抓緊孩子伸出來的雙手，難道不是我們大人的錯嗎？

爲什麼這樣做？因爲她愛孩子，不想讓自己唯一的孩子過著社會底層的生活。她認爲沒有所謂中間層，只有底層和上流層，不是甲就是乙。前途茫茫的時代，唯有念書才是希望，如果不嚴厲一些，將來就無法生存立足。「這種程度應該還能忍受」，被害人一邊揮著高爾夫球桿，一邊自我合理化。

但這並不是愛，她只是將兒子當成自我滿足的工具。這是一名自尊心低落的母親，如果沒有一個會念書的兒子，好像走到哪裡都無法顯示出自我的價值。爲了要冠上「全校狀元的媽媽」、「念首爾大學兒子的媽媽」等頭銜，她只好嚴格要求兒子的學業成績。因爲媽媽很清楚，那些頭銜有多麼了不起。

這個時代所謂的賢妻良母，是能將孩子送進名校的母親。一個母親做得有多好，是由孩子所念的學校來決定。如果孩子一個接著一個擠進首爾大學，母親就能獲得大衆媒體的注目，變得有名，甚至可以出書進暢銷排行榜。

即便對家庭生活漫不經心，冷落了先生，也沒照顧好父母，但是只要小孩會念書，一切都可以被原諒。於是母親花心思叫小孩念書，拚命送孩子進入名校，這樣一來就能受到肯定，被稱讚是很會照顧孩子的好媽媽。不過要是孩子無法進入名校，僅是因爲這一點，就會被質疑對家庭疏於照顧。

這位母親應該也是希望能受到肯定。爲此她不惜離婚，甚至置孩子已經患病的心理狀態於不顧，更加堅持要孩子考第一名，而且必須進入名校就讀。因爲一旦無法達到目標，自己的人生等於完全失敗。但如今我們卻看到，這位可憐母親的人生以徹底失敗收尾。

兒子在犯罪事實被揭發、要被刑警帶走的那一天，注視著爸爸說：

「爸爸，不管發生什麼事，您都不會拋棄我吧？您會陪在我身邊吧？」

渴望被父母所愛的孩子，換來的卻是身心創傷。究竟是誰將石塊擲向孩子？未能抓緊孩子伸出來的雙手，難道不是我們大人的錯嗎？

我可以在這裡死嗎？

春天來了，卻是春寒料峭，冷風依然刺骨。現場是一個半地下的獨立房間，我們整理遺物的同時，屋主老爺爺一直守在那裡談論這位過世的老奶奶。老奶奶的兒子站在旁邊靜靜地聽著，女兒則是不停地哭。

他說老奶奶會在一樓的大門前擺張椅子，然後坐在椅子上曬太陽。老奶奶每天有一半的時間是這樣度過，一邊曬太陽，一邊讀著聖經或是安安靜靜地閉著眼睛。

經過短暫的安靜片刻之後，兒子開口說話了。

「我跟母親說過要陪她，但是她極力反對。雖然母親否認是怕我們不方便，一直找藉口說住一起她會不自在，其實眞正原因是她擔心自己變成孩子的包袱。」

兒子終究無法說服母親，所以幫她準備了一筆能夠租賃一間小型包租房的錢，不過母親卻找了一間收月租的房間。母親說剩下的錢她會好好保管，等過世時會還給兒子。

這位擔心自己會成爲子女包袱的母親，死因是急性低血糖所導致的休克。能不需要子女照護，而且是突然身故，或許老奶奶會心存感謝也不一定。

「我眞是不孝子。」

兒子面色憂鬱，幾度自責。

屋裡只有幾件必要的家當，算是相當乾淨，所以一下子就整理好了。我們把瑣碎的雜物先拿出去，最後只剩下一個衣櫃。就在公司員工準備把衣櫃搬出去時，他發現抽屜底下好像放了什麼東西，於是喊我過去看。

那是壽衣，不過襪子摸起來似乎有東西在裡面，掏出來一看，原來是個信封。我把信封交給兒子，兒子打開信封，看完後一句話也說不出來。

「哥，怎麼了？」

兒子將信封交給妹妹，妹妹把信封裡的東西拿出來。裡面有一張二千五百萬韓元的支票，還有一張看起來像是兄妹兩人念國小時的照片。亡者不知有多麼常翻看撫摸，讓這照片因沾上手垢而變黃。

兒子咚一聲癱坐在那裡，接著放聲大哭。原本只是流著淚的女兒，也開始哭出聲音。

屋主老爺爺嘆了口氣。

「看起來她是想讓子女能夠比較容易找到，所以放在壽衣和襪子裡……。這位老人家一開始是這麼說的。當時我心想怎麼會有老奶奶獨自一人來看房子，而且還是個衣著乾淨美麗的老奶奶。她來看房子當天就簽約了，幾天後搬過來時，我下樓去看她搬得怎麼樣了。當時老奶奶靜靜地問我：

『老爺爺，我年紀大了，有可能過不久就會到另一個世界……，請問我可以死在這裡嗎？』

我們這種老人家都一樣。不管是現在死、還是以後死，都希望最好是在睡夢中走，對不對？所以當時我也沒有多想什麼，就回答『沒關係』。但是沒有想到她會這麼快走……。」

在老爺爺的說話過程中，子女的哭聲已經慢慢變小，但眼淚還是沒有停歇。在稍微鎮定些之後，兒子開口說話。

「老爺爺，我們會好好整理，連壁紙和地板都會重新鋪好。對不起……。」

「不需要。我不是已經跟老奶奶說得很清楚，她可以在這裡住到過世。只要把行李帶走就好，早點回家吧。壁紙和地板等以後有人搬進來時再貼就可以了。」

「不行這樣，我們會全部處理好的。」

「呵呵，我就說不需要了。快點回家吧。我年紀也大了，一直站著，覺得有些疲倦。」

老爺爺再次擺擺手說：

「回去吧。她沒有積欠房租，租約還沒到的部分我也不打算收租金。保證金還有剩，我會讓我女兒匯給你們。金額不少，把戶頭帳號抄給我後快回去吧。」

老爺爺像自言自語般低聲說著，同時轉過身向外走。

「我有答應說可以的……。」

春寒也悄然走避了嗎？打掃結束出來一看，剛才沁人的冷風已經減弱，陽光開始變暖，不知不覺春天已經來到。

思念引發的「中毒」

第一次碰到堆了這麼多東西的屋子。雖然清理過好幾個垃圾堆積如山的現場，但這次堆的不是垃圾，而是新物品。

首先映入眼簾的是陳列櫃裡成排的各式洋酒瓶，我心想這應該是一位品酒專家。不過屋裡沒有看到喝完的空瓶子，洋酒瓶當中沒有半個是開過瓶的。

還有一件奇怪的事。亡者是獨居的男性，但是房裡卻擺滿了女性的化妝品。還有像牙膏、牙刷、洗髮精、洗潔精等各種生活必需品，每一種都各有好幾十件；杯子也是從咖啡杯到酒杯、從塑膠杯到馬克杯，應有盡有，碗盤和料理器具更是種類齊全。

屋子裡塞滿了上千件各式各樣的物品，難以一一列舉。由於都是包裝尙未拆開的新品，在分類的過程中，不免覺得有些可惜。我問說有些東西是不是可以帶走，因爲只要拆開包裝，東西還是可以使用，不過兒子卻斷然搖頭。

「請全部丟掉。」

他的表情像是牙齒正在打顫，我不打算勸他，所以就繼續整理，這時他不知和誰開始講起了電話。

「完全沒變，大概堆了幾千件的東西，我交代全部丟掉。帶走幹什麼？我們是乞丐嗎？又不是用錢買的，我不想帶走那些東西。」

通話內容聽起來有些奇怪，於是走向前繞個彎詢問他。

「往生者是從事流通業的嗎？」

兒子一下子說不出話來，有好一會兒沒開口。正當我要繼續整理時，他終於開口說話。

「是偷竊癖，很嚴重的偷竊癖。好幾次被送到派出所，不過幸好都遇到好人，所以至今還不曾進去監獄。」

遺屬心中藏著許多故事，不過他們通常不會先開口。但是只要丟問題給他們，他們就好像在等待這一刻般開始傾吐心中的話。

「爸爸有嚴重的偷竊癖。每次都要去派出所帶他回來，還要不停地道歉，一再祈求對方原諒。」

兒子用悲傷的眼神，慢慢環顧屋內。

「他在營造工地做事，我一直以爲他是下班時繞路去超市買日常用品回來。母親在當保姆，我也有工作，全家都忙到晚上才能短暫碰個面。有一天我突然發現，家裡的東西開始愈堆愈多，甚至出現我們不需要的物品及平常不喝的酒。雖然覺得奇怪，但完全沒有想到會是偷來的。哪有兒子想得到父親的嗜好是偷東西？」

或許是因爲想到過去而心痛，兒子忽然癱軟地坐下，開始擦拭眼淚。

「有一天接到派出所打來的電話，說父親偷東西被主人抓到，現在人在派出所。當下我感到有如晴天霹靂。直到那時，我才將過去覺得奇怪的事整理清楚。原來他有到處偷東西的癖好，我只好去派出所向超市老闆道歉。老闆對我說：『這位叔叔每天來，但卻沒買任何東西。我就特別留意觀察，才發現他偷東西。』我不停地道歉，但卻無法告訴母親這件事。」

兒子擦乾眼淚，說話時的表情再度恢復冷靜。

「我答應結算父親這段期間帶回家裡的商品金額，把錢還給老闆，同時向他道歉，希望他能原諒父親。不過我常常在想，如果父親當時有受到懲罰的話——我是說乾脆讓他進監獄的話，或許反而可以治好他的偷竊癖也不一定。」

「您有和父親聊過嗎？」

「我們聊過不只一、兩次，我也曾經試著拜託父親，還對他發過脾氣，甚至哭著求他。碰到這種狀況時，父親會答應我不再偷東西，而我也相信以前的父親回來了。可是其實什麼都沒改變，最後連母親都知道了。母親受到的衝擊很大，她還說要去買木炭回來一起死。儘管如此，情況依然沒有好轉。他的偷竊癖不是我們的力量所能改變的。

最後父母兩人離婚，我和母親一起住，大概經過三年了。在得知父親有偷竊癖之前，我們家算是低調小康的家庭。父母親認真工作，我也是爲了將來經常忙著打工。雖然房子不大，但至少我們還有個家。只要父親不做那種事的話……。」

他再也說不下去，站在原地沉默一會兒之後，就垂著頭往外面走。

兒子看起來差不多二十五、二十六歲。我大概算了一下，父親的偷竊癖似乎是從兒子高中畢業、開始工作後發作的。雖然夫妻最後離婚了，亡者的偷竊習性卻還是無法改變，反而情況更加惡化。不過如果是和家人一起住，應該還不至於惡化到偷來的東西把家裡堆得像超市倉庫一樣的程度。

記得以前曾經在電視上看過精神科醫師分析，說偷竊癖是精神疾病的一種，起因是缺乏愛。渴望被關心及被愛的欲望和孤獨，常會發生轉變而以抽動障礙或囤積強迫症之類的異常行爲表現出來，偷竊癖也是其中的一種。

亡者生前是孤獨的。儘管如此，在兒子畢業以前太太還會煮晚餐，全家一起吃飯的時刻雖然短暫，但至少還可以親密地聊聊天。等到兒子畢業以後開始工作，太太也經常工作忙到很晚，所以亡者下班回到家時，迎接他的就只剩一個空蕩蕩的屋子。

亡者不想回到沒人在的家中，但是不會喝酒的亡者又無法融入下班後的同事聚會，所以只好每天下班後不回家，跑去超市閒逛。

剛開始沒有這樣的意圖，只是偶然間浮現偷竊的欲望，而且意外發現這股欲望很容易滿足，於是偷竊的習性愈來愈大膽。明明知道是錯的，也知道被發現後可能要關到監獄裡，但是偏偏無法停手。在超市老闆面前丟臉，被送到派出所，被孩子知道後的羞恥，甚至落到離婚的下場，還是改不了這個習慣。

因爲他只有在偷竊物品時才能忘卻孤單；只有當家中堆滿物品時，才能填補空虛的心。不過內心絕不是物質所能夠填滿的，孤獨帶給他的痛苦過於巨大，使他最後選擇結束自己的生命。

得知丈夫有偷竊癖而大受打擊的太太，曾經買了木炭說要一起死，如今木炭卻成爲先生自殺使用的工具。這是在離婚三年、偷竊癖開始發作六年後發生的事。

假使亡者或他的家人能意識到偷竊癖需要治療，這樣的悲劇或許就不會發生。如果

回想一下，有時我也會這樣。在現場聽到亡者的故事時，可以充分理解他的生活有多苦悶，等真的工作結束回家之後，一聽到太太喊累，卻又經常對她冒出「吃飽太閒」這種話。**為了追求更好的生活，家中每個成員都在各自的崗位上努力，但是卻無法理解彼此的痛苦。**

他們能將自己、將丈夫及父親視爲一名心靈受傷的患者，而不是竊盜慣犯，或許他就不會陷入想要尋死的絕望困境之中，而家人也可能恢復對一位誠實家長的愛，不至於怨恨他、排擠他。只要能在他中毒更深之前先積極治癒偷竊癖的話。

遊戲、智慧型手機、購物、飲食、酒、關係、賭博……，很多人習慣沉迷於某件事物過日子，憂鬱症纏身，不過他們卻沒有意識到這種中毒現象是必須接受治療的重症，對憂鬱症患者的理解與支援的努力也不夠。

大家並未深入了解原因是什麼，只關注在表象的症狀便予以判斷及責難。還有人認爲，有的老人家清晨醒來得依靠拾荒過日子，所以只有那些吃飽太閒的人才會染上憂鬱症，把憂鬱症看成是懦弱的人在衣食無虞之下所得的病。

回想一下，有時我也會這樣。在現場聽到亡者的故事時，可以充分理解他的生活有多苦悶，等眞的工作結束回家之後，一聽到太太喊累，卻又經常對她冒出「吃飽太閒」這種話。

死亡的本質在於它無法配合時間發生，它的來臨不分週末，也不分早晚，這是工作上讓我覺得最吃力的地方。太太在我缺席時要照顧兩個孩子，安頓家裡的一切，還要獨自照顧夫家和娘家，也是相當辛苦。太太的嘮叨是在訴苦，要求家人能一起分擔家中的工作。可是我只想到自己很累，卻沒有去理解太太的辛苦。

亡者和家人的情況也是一樣。為了追求更好的生活，家中每個成員都在各自的崗位上努力，但是卻無法理解彼此的痛苦。家人不了解亡者因為孤單而日漸加重的心理疾病，亡者也不知道家人正因為自己的行為而承受著痛苦。最後的結果就是彼此無法相互了解。

把孤獨當做朋友

時間在這個家裡完全靜止了。被歲月塵封已久的舊報紙，輕輕碰觸便像沙堡般傾倒一地。關在家裡的三十年當中，精讀新聞成了亡者最重要的工作之一。因爲這是他唯一能夠知道外面世界如何運轉的管道，而且報導與報導之中，也隱藏著居家軟禁何時能解除的暗示。

然而，當他眞的獲得解禁時，他卻無法踏出家門半步。問題出在於他太過熟悉被軟禁的生活，如今他已經八十歲了。

透過好友介紹來委託打掃的是亡者的侄子，他目前擔任首席法官。亡者過去也曾擔任首席法官的職務，後來政權交替時遭到居家軟禁。這是個大家一聽就能猜想到是誰

的法界人士家庭。

然而，律師的身分及首席法官的經歷並不能改變他被世界遺忘的事實，他變成孤單一人。因爲沒有結婚，所以沒有組成新的家庭。這個世界忘了他，親戚和兄弟也漸漸忽略他的存在，最後連他都忘了自己。這裡的時間已經在三十年前完全靜止，如今連殘留的痕跡都要清除，這就是我的工作。

當清掃快要結束時，我接到朋友的來電。我對朋友說明了進行的狀況，接著就問起心中的疑惑。

「居家軟禁都解除了，爲什麼還繼續一個人獨居？」

「誰會和他一起住？兄弟都老了、死了，侄子們有可能照顧他嗎？現在的人連自己父母都不肯照顧了。」

「說得也是。」

「他是隱居式的獨居。完全不出門，只待在家裡。引頸期盼的居家軟禁解除終於等到了，結果卻又陷入自我的拘禁。」

千變萬化的世界，對八十歲的老人來說是很恐怖的，亡者只好隱居終至孤老。被世界遺棄，連親人也不聞不問，我想任誰遭遇這種事都無法承受。因此他不再外出見人，而是選擇在家中孤獨地死亡。

孤獨的人眞的很多。我每天工作的現場，所住的大多是孤獨的人，這正好說明了這一點。雖然如此，卻也不盡然都是悲傷的故事。

亡者是大樓的警衛，還會寫詩。寫詩的線圈筆記本多達數十本。

「他似乎很喜歡寫詩。」

我問站在一旁監工的委託人，聽說他也在同一棟大樓當警衛，是亡者的同事，也是朋友。

「嗯，他的心地善良、誠實，又容易心軟，從來沒有對他人說不，平日也是個守法的人。每天都看到他帶不同的詩集，認眞地閱讀，有時還會寫詩。但是這些我都不關心，每天只會對他嘮叨。我叫他趁年紀還輕時，趕緊煩惱娶老婆的事，寫那些詩有什麼用。」同事說到一半停了下來，然後用手背拭去淚水。

「只要一領錢，他就去買詩集，不然就是買筆記本，還有找露宿街頭的遊民回家煮飯吃。」

「露宿街頭的遊民？要是一般人，可能會嫌他們髒，根本不願意帶回家裡。他眞是了不起的人。」

「還不只一、兩次。三天兩頭就有大概十五個遊民擠到他家裡，等吃完飯才走。爲了這件事，管理辦公室已經找他談過好幾次了。不過他不理睬，還是把遊民當成朋友，繼續找他們來家裡吃飯。」

這裡是很多人上班及居住的住商混合大樓，看到有一名遊民進出就會皺眉頭了，更何況是看到一天湧進十五名遊民，住戶當然不會樂見。

「他的身體不好，叫他要去醫院看一下，他老是說自己沒事。把去醫院的錢省下來，然後拿那些錢煮飯給遊民吃，看了實在讓人心急，後來我就不想再傷腦筋管了。不過他沒有來上班，也聯絡不上，應該要早點來看他才對……。不管是家人還是親戚，一個都找不到。朋友除了我之外沒有別人，如果不是有那些街友來，告別式場就會空蕩蕩的。那些被他請吃過飯的人，不曉得是怎麼知道他死的消息，全部都跑過來了。」

「您說告別式嗎？」

「嗯。一看就知道是遊民。他們一大群人湧進來，起初告別式場的員工以為他們是來找東西吃，不肯讓他們進來。後來他們一直求情，說不會吃任何東西，只要讓他們進來就好，還說亡者沒有家人，不能連最後一程都讓他孤單地走。裝扮一看就是街友，但不曉得跑去哪裡盥洗過了，頭髮和臉都洗乾淨了才過來……，大概有三十個人。」

「三十個人？」

「是啊。薪水只有韓幣一百多萬元，再扣掉房租還有水電，就剩下沒多少了。如果能多為自己的身體著想，還會落到今天這種下場嗎？唸了他好幾次也不聽，把錢拿來煮

亡者就只是招待朋友吃飯而已，不是嗎？
有客人來家裡時，我們會燒開水泡茶，會削水果、煮新飯、煮湯，請客人吃飯，每個人都會這麼做，亡者也是一樣吧。街友就是來到家中拜訪、歡喜相遇的朋友。有了朋友，就可以分享生命中的孤獨。

飯給遊民吃，然後自己在那裡受罪。」

「後來遊民都被請回去了嗎？」

「跟告別式場的員工拜託後，就同意讓他們進去了。他們一窩蜂進到告別式場，一句話都沒說，安安靜靜地坐在那裡。不過畢竟是來弔唁的賓客，還是得招待他們用餐，他們卻說不用。他們說向來都是他請他們吃飯，不能連送他最後一程，都還想著吃。他們哭著說每天厚著臉皮去找他要飯吃，該死的人是自己，結果卻是不該死的人代替他們死。」

亡者的同事講到這裡，不由得長長嘆了一口氣。

「他們都像死了般異常安靜，沒有半個人喧嘩，也沒有半個人打瞌睡。隔天就發引火葬，因爲沒有親人來，這些街友又一路安靜地送到火葬場，然後就無聲地四散。」

淚水瞬間在眼眶裡打轉，我什麼話都說不出來。

「一個善良的人，遊民的遭遇也令人同情，唉！」

一個善良的人。是的，亡者相當善良，同時也是個孤獨的人，只要看他寫的詩就可以感受到這點。不過他應該不是覺得遊民可憐，才掏出微薄的薪水請他們吃飯，他的善良已經讓他感受不到何謂「可憐」了。

亡者就只是招待朋友吃飯而已，不是嗎？有客人來家裡時，我們會燒開水泡茶，會削水果、煮新飯、煮湯，請客人吃飯，每個人都會這麼做，亡者也是一樣吧。

街友就是來到家中拜訪、歡喜相遇的朋友。大家一起分享當天生活的點滴，一起坐在電視機前面看足球實況轉播，然後一起煮飯吃，是可以自在相處的朋友，也可以一同分享彼此的孤獨。所以亡者即使花掉大部分的薪水，也不覺得可惜。

接納弱勢者的善良之人與惦記恩情的露宿街友，我們若只用侷限的角度看待他們之間的關係，卻沒有看到他們之間的友情，那是因爲我們的生活中已經不再懂得分享這樣的友情。

在愛情和友情當中，如果只計較對自己是得抑或是失，然後只打電話對有出息的朋友噓寒問暖，對生活困頓的朋友則不再聯絡，也不把對自己毫無助益的人當朋友，在這種人際關係之下，我們當然就無從了解亡者與街頭遊民之間的友情。

在別人眼中，亡者是沒有親人、沒有朋友的孤獨者。他從事警衛的工作，是個寂寥度日、年紀不小的王老五。的確，亡者原本相當孤單，但是因爲有了朋友可以分享孤獨，所以人生的最後一程便不再孤單。

這讓我重新審視了自己在生活當中與周遭的人之間的關係。有人說過，所謂「友情」是一種「可以分攤彼此重擔的關係」。我們不正是爲了可以相互依靠、共同經歷這險惡的世界而存在的嗎？

第二章

不管過著什麼樣的生活，我們都是重要而珍貴的人

到底是誰的錯？是幫朋友保密到最後的她錯了？還是醫學上無法解釋、卻又做出無病診斷的巫師的錯？或者，是不能體諒女友內心傷痛的男友的錯？我的工作是整理死亡悲劇發生後亡者遺留下來的身後物，這段時間也看過許多人沒有病痛、卻因爲悲觀而自行結束生命。他們內心的痛苦，我無法測度到底有多深，但是有一件事我可以很肯定地說：「不管過著什麼樣的生活，您都是重要而珍貴的人。」

抵抗現實的勇氣

到死之前都還在爲生活孤軍奮鬥的年輕人，他們最後一刻停留的地方多半是一個稱爲「小套房」或「K書房」的小隔間裡。

這次的現場也是小套房。那一層住了很多人，屋主拜託我們清理時能安靜一點。他擔心會引起抱怨，所以顯得戰戰兢兢。因爲消息一旦傳開，他就很難再找到願意入住的房客。對屋主來說，最害怕的就是這種事。

他走的時候沒有穿制服。通常制服都會繡上公司名字，只要在入口網站搜尋，我們馬上就可以了解發生什麼事。

到了現場，發現這裡蒼蠅很多。大樓入口、樓梯間、二樓走道、天花板，到處都黏著滿滿的蒼蠅，房間裡就更不用說了。牆壁和天花板整個發黑，屍體大概已經放置超過四週。看來不只是房間，就連整棟屋子也都需要進行防疫、消毒和脫臭。

首先，我們在房間裡噴灑大量的殺蟲劑。殺蟲劑不只可以殺蒼蠅，就連人聞了也會幾近窒息，所以一噴完我們就趕緊關上房門跑出來。大概過了十分鐘後再進去看，除了僅剩的幾隻蒼蠅外，幾乎全部都掉落在地面上發出嗡嗡聲。如果是用掃把清掃，蒼蠅的身體毀損後可能會發出惡臭，所以我們用吸塵器將蒼蠅全部吸進去。但是蒼蠅實在太多了，吸塵器吸滿後需要清空再吸，又滿了，清空再吸，不斷重複了無數次。

蒼蠅全部清理完之後開始打掃，這時我看到桌上放著一張大學重考補習班的上課證。看起來應該有二十歲，但照片中的亡者臉上卻充滿了稚氣。

此外，還看到機械工程學的相關書籍、電氣相關證照的考試用參考書，書桌前則貼有一行文字：

「韓國電力公社新進社員○○○。」

看起來亡者的目標是先考進大學的機械理工科系，然後再考相關證照，最後進入韓國電力公社工作。目前雖然還在重考，但已經將大學的專攻書籍和考證照參考書都買好了。從這裡可以看出亡者心中殷切的期盼。既然有如此明確的目標，爲什麼又在年僅二十歲的時候選擇了死亡？

我帶著各種思緒著手整理抽屜，這時找到一件繡有咖啡店標誌的制服，應該是亡者打工穿的制服。這時心中浮現一個想法：亡者的生活擔子並不輕。如果眞的想考進志願的大學，一整天的時間全部拿來念書可能都不夠，更別說還要賺錢。是什麼緣故離開家人獨居，而他的三餐都有正常吃嗎？

我年輕時也曾經在補習班待過一段時間，退伍後就馬上到首爾，從傳銷到泊車人員、代理駕駛、甚至土木工，全部都做過。在當代理駕駛碰到同輩開高級車時，會感到自己非常落魄。在那段日子裡，原本聞到樓下餐廳傳出來的菜香應該要很興奮，但我卻經常挨餓度日，手中只有一條紫菜飯捲。

一想到這個年輕人所過的生活，就不禁讓人同情。他還沒當過兵，不僅要工作，還要準備大學入學考試。一邊要養活自己，一邊同時準備修學能力考試，這絕對不是一件簡單的事。

想達成目標，首先必須考上大學。考上大學之後，還要取得對就業有加分效果的必備證照。此外還要上英文補習班，最好是曾經出國遊學，TOEIC也必須拿高分。

堅持到最後才是勝者，這句話向來是真理。即使最初的目標一時無法達成，只要堅持下去，自己該做的事總會清晰浮現，而且終究有機會。**只要堅持到最後，就能等到那一天**。找出現在能做的事，認真投入，慢慢地就能看到前方的路——那條屬於自己的路。

白天窩在補習班念書，晚上要打工，下班回家就癱在床上。會不會就是這樣日復一日的某一天，青年突然覺悟到這一切根本是不可能達成的事實？

考上公營機構是不容易達成的目標，但這眞的是自己內心所期盼的嗎？是否因爲這是別人眼中一份穩定的工作，所以才把它當做目標，而不是因爲自己眞的喜歡那項工作？這就好像童話故事的結局總是說「王子與公主永遠過著幸福快樂的日子」一樣，近來年輕人的夢想似乎也如出一轍，都希望「自名校畢業、進入大企業工作、買間屬於自己的房子，然後有個和樂的家庭」。不安定的社會，正用一個固定的框架形塑年輕人的模樣。

我又再次回想起年輕的時候。當時沒有穩定的職業，有什麼工作就做什麼來謀生，後來因爲老朋友的死，才偶然踏入禮儀師這一行。那時還沒有「禮儀師」這個稱呼，這項工作算是條件惡劣的行業。如今擔任禮儀師之前都需要先接受有系統的教育訓練，可是在當時，工作的第一天就要直接到現場擦拭遺體，幫遺體穿上壽衣。一開始光是站在遺體前，就會不停地發抖，一直要到經過一段時間後，才慢慢接受這項工作。

雖然從事擦拭遺體的工作經常被人指指點點，而且領的薪水非常微薄，但我還是很認眞地做。我並沒有想過要成爲最尖端的禮儀師或將來要創業之類的遠大目標，也不是因爲覺得有什麼深遠的意義，我只有一個單純的願望，希望能用雙手將亡者整理乾淨，送他們最後一程，所以默默地認眞做份內的工作。

就這樣五年過去，我成了這個領域最年輕的事務主管，創業的機會也同時找上門。回想起當年一頓飯只吃一條紫菜飯捲、其他什麼都不敢想的補習班生活，現在的公司規模雖小，但至少是一間公司的老闆，比起從前也算是一番大成就。

堅持到最後才是勝者，這句話向來是眞理。即使最初的目標一時無法達成，只要堅持下去，自己該做的事總會清晰浮現，而且終究有機會。只要堅持到最後，就能等到那一天。找出現在能做的事，認眞投入，慢慢地就能看到前方的路——那條屬於自己的路。

我當然知道這當中的辛苦。累的時候，我只要想想我所珍視的人，都像我現在一樣會好好地活著，自然就能產生一股力量。我們所珍視的人會對我們說些什麼？進不了大學時會指著說我笨嗎？會嘲諷著說找個好工作是沒指望了嗎？不，不管是誰一定都會這麼說的：

「進不了大學又怎麼樣？進不了韓國電力公社又怎麼樣？一定要進去才能幸福嗎？年輕本來就是要吃苦，我們不是正年輕嗎？再過一段時間，生活總會好轉的。加油！堅持到最後。」

不見人影的兒子

大部分的子女都無法進入父母孤獨死亡的現場，因爲心中會產生一股拋棄父母的罪惡感，還會不斷想起父母把自己餵飽穿暖的養育恩惠。然而，他走進來了，這是一名看起來最多才三十出頭的年輕人。

亡者的形體已經腐敗到無法辨識的程度。

「因爲在首爾上班，無法常來看他。但因爲電話一直沒接，就跑來看……，父親好像是在睡夢中走的。」

「房裡鋪著棉被，底下還有電毯。電毯那個時候一直開著，我趕緊去拔掉插頭……。」

兒子說：

「差一點就燒起來了。」

說眞的，沒有發生火災是不幸中的大幸。

我簡單對亡者的兒子說明整理的步驟，他說他了解，還問能不能在旁邊看我們作業。我回答說可以，同時幫他準備好口罩。他似乎明白爲什麼需要口罩，一接過口罩後就立即戴上。

口罩除了可以阻隔惡臭外，更重要的是避免病毒經由呼吸道感染人體，所以非戴不可。不過在處理過程中，有時會因爲太熱或流汗而令人覺得悶。創業初期的我偶爾會在處理到一半時將口罩脫下，不過那時候只有自己一個人，如今在員工面前我絕不會拿下口罩，因爲怕員工學我把口罩拿下來後不小心受到感染。

如同平常一樣，我們會從亡者躺的位置開始清理。正當我們準備將棉被折好裝入箱子裡時，一些腐敗物質就像還沒擰乾的衣物滴水一般，不斷掉落，電毯上整個都被油脂浸透。

電毯已經發燙到幾近燃燒的程度，亡者就是在上面結束了他的一生。熱氣更加速了腐敗過程。

我急忙地想把電毯處理掉，這時卻發生一件令人吃驚的事，我們看到地板上竟然鋪滿了韓幣五萬元紙鈔。突然間，兒子緊張地跑出去拿臉盆進來。我不知道他想做什麼，於是停下手邊的工作看著他。

好像深怕被誰搶走一樣，兒子開始驚惶失措地把錢裝到盆子裡。他空著手裝，連手套都沒戴。紙鈔上沾滿了油脂，不過亡者的兒子完全視而不見，手也沒有任何感覺。只要再等一會兒，我們就會拭淨消毒過轉交給他。實在不理解，爲何要急於一時徒手去裝。

紙鈔的張數鋪成約一張電毯的大小，金額估計大概有韓幣上千萬元之多。兒子捧著裝滿紙鈔的臉盆瞬間消失在門外，一句話都沒說，包括：「辛苦了！」這句常聽到的招呼語。

我不禁嘆了口氣。難道他要求跟著進來看我們作業，只是因爲這個理由？

兒子眼中看到的就只有錢。他的眼裡、腦海裡、心裡沒有孤單面對死亡的父親，對於長時間睡在發燙電毯上的父親沒有罪惡感，也看不到父親把紙鈔鋪在棉被下方因而感到滿足的心情。

如果不是爲了兒子，亡者爲什麼要把五萬元的紙鈔當成寶物一樣，藏得如此隱密。即使預感自己不久於人世，他還是不肯開暖爐使用，睡的時候只靠一張電毯取暖。

雖然全部清理完畢，心裡卻有幾分苦澀。我帶著複雜的心情離開現場，而亡者的兒子則至終都未再出現。

兒子眼中看到的就只有錢。他的眼裡、腦海裡、心裡沒有孤單面對死亡的父親，對於長時間睡在發燙電毯上的父親沒有罪惡感，也看不到父親把紙鈔鋪在棉被下方因而感到滿足的心情。**如果不是為了兒子，亡者為什麼要把五萬元的紙鈔當成寶物一樣，藏得如此隱密。**

所謂生命，是戰勝命運之沉重

接受委託去到現場，迎接我們的是剛滿二十歲、看起來稚氣未脫的女生。她鄭重地問候我們，介紹自己是亡者的朋友。而委託人——也就是亡者的父親並未現身，聽說是要待在太太身邊照顧她，因爲太太聽到女兒的死訊後昏倒了。

她用顫抖的聲音說：

「我試著整理遺物，但……終究做不到。」

我和亡者的朋友一起開門進到屋裡，整間房子彌漫著血腥味，但是還沒聞到屍臭，看起來應該是剛發現沒多久。在空間雅致的客廳兼廚房地板上，還有房間裡的床鋪，四處布滿鮮血，顯得狼藉不堪。

大概是拿刀割腕的。不記得何時聽救難隊員說過，割斷動脈會引起大量出血，而且極度疼痛，痛到在屋子裡到處奔竄。以前有一位亡者是上吊自殺，但是手腕留有疤痕，經調查發現原來是有割腕後自行叫救護車急救治療的紀錄。割斷動脈時的死因都是出血導致休克死亡，只要在休克前施予急救，就有機會救活。

連最痛苦的自殺方式都能忍受，亡者求死的意志竟然如此之深？雖然選擇死亡是因為活著痛苦，但死前的瞬間痛楚終究難以忍受，這就是人，所以才會有很多人嘗試選擇吃安眠藥。也有人說，為何不乾脆以尋死的勇氣來求生呢？

「我好像應該把遺物轉交給朋友的父母……。」

她的聲音再一次顫抖。朋友的死，應該帶給還年輕的她莫大的衝擊吧，尤其要目睹前所未見、將來也可能不再有機會接觸的殘酷現場。她在充滿鮮血的現場中整理遺物，準備要轉交給亡者的父母，讓人感受到她重視朋友的心意。

我們先拿出房裡的床墊，接著是清洗血痕。我把亡者的朋友叫進血跡清理完畢的房間，她小心翼翼地走進來，仔細環顧四周。

「現在應該可以了。」

「謝謝。」

用細弱的聲音道過謝後，她開始打包朋友的遺物，包括幾件衣服和照片等等。我走到客廳打掃，聽見房間內傳出哽咽的哭聲，大概是不敢相信朋友眞的走了。我拿了面紙走進去遞給她。

「她已經去到一個美好的地方，請節哀。」

或許是感受到我眞誠慰問的心意，原本的嗚咽聲慢慢停下來，她終於開口說話。

她和亡者在中學就認識了，用近來流行的話形容就是「麻吉」。高中一起上學，到了大學還是念同一所學校，兩人的友誼可說是情同姊妹。

朋友一畢業就踏入職場工作，朋友的父母擔心女兒上下班太累，就在公司附近租了房子，也就是這間公寓。亡者還有一名交往許久的男友，雙方父母彼此熟識，兩人也已經論及婚嫁。

在朋友開始上班後一個月左右，她就經常聯絡不到朋友了。由於這是朋友的第一份工作，她猜想朋友可能是忙著熟悉業務，所以沒有空。可是又再經過一段時間，朋友似乎仍在閃躲，她心中開始感到奇怪。因爲一直聯絡不到朋友，她覺得不能繼續這樣，所以決定去朋友家裡找她。

朋友的臉憔悴許多。她喊說頭痛欲裂，身體也十分疲倦。雖然去過醫院，但是沒查出什麼特別的病，也沒吃什麼藥。後來又再去醫院一次，醫生說是因爲剛進公司，壓力過大的緣故。

有一天，朋友像是受到牽引般，踏進每天必經的一家算命鋪。以前朋友覺得算塔羅牌或運勢很好玩，最近卻變得很迷信，不像一般的年輕人。

聽算命的說那是一種中邪，如果不馬上降神巫，身體就會一直不舒服，朋友聽完之後宛如晴天霹靂。

朋友不停地流淚，哭訴不知以後該怎麼辦，還一再叮嚀要對她的父母親守密。她只能傾聽朋友哭訴，卻什麼忙也幫不上。

「當時應該要跟她爸媽說才對，就算和她絕交也沒關係。這樣就不會演變成今天這種情況。都是我的錯。」

她眼眶泛紅地說著。

朋友常常哭，一邊講電話一邊哭，見面時也哭，連工作都辭掉了。後來因爲身體痛到受不了，終於決定要接受降神巫。她把事情的原委告訴男友，可是男友和她年紀差不多，因爲年紀太輕，還無法對這件事做出正確的判斷。男友聽完後極力反對，斬釘截鐵地說如果眞的要接受降神巫，那兩人就只能分手。

中邪讓她的身體愈來愈不舒服，她不僅辭掉條件不錯的工作，就連過去比自己還疼愛自己的男友都說出分手的話，人生彷彿在一瞬間整個翻盤。這是以前不曾想像過的事，也是完全失去期待的生活。

在人生中有許多條路，所有的路也都有它的意義。即使孤單辛苦，只要默默前進，最後必能領悟到人生道路的意義。歲月終究會教我們懂得一切，只是她的生命太短暫。這就像是拿世上唯一僅有的鑽石去換取路邊滾動的小石子，令人有無限的惋惜及悲傷。

她很害怕。包括要過巫俗人的生活、和男朋友分手、讓父母失望、不降神巫便無法治療的中邪，這一切都令人害怕。

朋友無法做出任何選擇，最後只好做出第三種決定。也許從亡者的立場來看，這是唯一的選擇吧。然而，在人生中有許多條路，所有的路也都有它的意義。即使孤單辛苦，只要默默前進，最後必能領悟到人生道路的意義。歲月終究會教我們懂得一切，只是她的生命太短暫。

「打電話一直沒有回，跑過來看才發現她已經⋯⋯。都是我的錯。」

到底是誰的錯？是幫朋友保密到最後的她錯了？還是醫學上無法解釋、卻又做出無病診斷的巫師的錯？或者，是不能體諒女友內心傷痛的男友的錯？

大家都沒有錯，但大家也都錯了。生命有貴賤，這種觀念是人為製造出來的，我們都對她的選擇有責任。

然而，她也有錯。當一名巫俗通靈者並不代表生活就此墜入萬劫不復，也不代表原本的價值會隨之毀損。而她卻以自己珍貴無價的生命與世間廉價的偏見作交換。這就像是拿世上唯一僅有的鑽石去換取路邊滾動的小石子，令人有無限的惋惜及悲傷。

我的工作是整理死亡悲劇發生後亡者遺留下來的身後物，這段時間也看過許多沒有病痛、卻因為悲觀而自行結束生命的案例。他們內心的痛苦，我無法測度到底有多深，但是有一件事我可以很肯定地說：「不管過著什麼樣的生活，您都是重要而珍貴的人。」

身爲兩個孩子的父親，我把亡者當成像是自己的女兒一樣，在心中對她說：

「孩子啊！來生記得要投胎到每個人都能平等受到尊重的世界，而且是個沒有悲傷痛苦、能依照自己原本的面貌去被愛的世界。」

思考過身後事才離開

亡者未婚，是一名獨居男性。發現他死亡的同時，他的枕邊放著一個信封，裡面有遺書與七百萬元韓幣。

> 我是因爲活不下去而離開，千萬不要爲難屋主阿姨。如果有什麼問題，請用這些錢好好地補償她。

遺書中也詳細寫了他做出如此決定的來龍去脈。

原本開公司的他遭到詐欺，犯下連自己都不知道的罪，而且必須爲此蒙冤入獄度日。他在獄中和一名同房牢友很要好，亡者稱呼他爲大哥，藉此支撐艱苦的牢獄生活。即使在出獄之後，他與這位大哥還是繼續聯絡，算是相當依賴他。這位大哥的生活潦倒，令亡者同情。他疼惜且信任這位大哥，所以在沒有借據的情況下，爽快地借給他兩億元韓幣應急。

這位大哥很感謝他，剛開始每個月都會還他一些錢，但是慢慢地變得不再遵守約定，而且開始避不聯絡。或許是知道對方在法律上缺乏討債的途徑，所以非但不覺得愧疚，甚至還開始膽大起來。

可以想見亡者有多麼傷心。曾經喚做大哥的那個人，比誰都還了解他遭受詐欺而痛苦的過去，結果這位大哥卻讓他嚐到人生第二次的受騙。如果眞心打算還錢，就不可能做出這樣的事。

信任，是詐欺發生的前提條件。亡者第一次被騙時，詐騙者是自己所信任的人，對第二次碰到的詐騙者甚至更爲信任。他的錯在於因爲信任而幫助別人，結果卻使他失去金錢、失去對人的信任，最後失去活下去的意願。

他應該很恨這位被稱做大哥的人吧！不過遺書的內容卻令人意外，他在遺書裡交代，不要做出對大哥不利的事。

儘管結束自己的性命，亡者卻依然爲生者著想，自願爲自己的死負責。他的死亡也因此讓人更難以忘懷。

記憶中還有另外一位亡者。

這是已經騰空數日、顯得失溫的半地下房間，不過一走進裡面，馬上有種明亮溫暖的感覺。房間整齊乾淨，行李陳設簡單輕便。全部的家電用品就只有洗衣機和冰箱。不過書架上立滿了聖經及宗教書籍，餐桌似乎被當成書桌使用，上面擺著筆記本和老花眼鏡。抽屜上面有紙摺的漂亮杯墊、玫瑰、白鳥之類的作品，全都排列得整整齊齊。

這是一位撿拾廢紙的老奶奶。日常生活的擔子雖然不輕，但她似乎會利用空檔抄寫聖經，還有去福利會館學習摺紙。老奶奶那靠著老花眼鏡一個字、一個字抄下聖經的樣貌開始鮮明了起來。紙張一一化身為杯墊，化身為玫瑰，化身為白鳥，連老奶奶看了都感到驚喜，於是將它們整齊地排列在顯眼的地方。我彷彿親眼看到，一幕幕清楚地浮現在腦海裡。

我的心中掀起一陣溫暖的漣漪。「生命中的每一天都珍貴」，每當看到有人如此認眞度過每一天時，內心就會深受感動。這個現場不同於那些一眼就能看出已經失去生命意志、放棄自我的現場，死亡的性格也顯然不同。

老奶奶是因為痼疾惡化就醫，最後在住院接受治療時死亡。這些是我從福利會館那裡聽到的，福利會館與我們公司一向有保持聯繫，主要是為了幫亡故的獨居老人處理身後遺物。那天也是因為接到福利會館的電話才趕過來的。

就在傢俱搬完、準備要搬家電的時候，屋主老太太和另一位老太太來了。

「冰箱和洗衣機可不可以放在外面就好了？」

「當然可以。只要放在外面就可以了嗎？」

「嗯。這位老太太是那位死亡老人的朋友，她在住院前曾經說如果發生什麼事，洗衣機就讓這位老太太帶走。冰箱的話就交給收廢紙的老先生。」

「太重了，您可能沒有辦法搬回家，我用車幫您載回去。」

「哎喲，如果可以就太感謝了！」

「可是家電用品怎麼只有冰箱和洗衣機，連電鍋都沒有。」

「不，電鍋和微波爐前幾天被住隔壁的老人家拿走了，她還帶走一件厚夾克。」

老奶奶已經預料自己即將不久於人世，再也回不了家了嗎？她並不是說「我死了以後，可以用的東西就帶走吧」，而是「把洗衣機給朋友，把冰箱給收廢紙的爺爺，把小家電和冬衣給了隔壁老奶奶」，一切都在離開人世之前就具體安排好了。

老奶奶就這樣爲明天做好了準備。她沒有因爲失去聯絡的子女及困窘的生活而失意，也沒有懊悔昨日的種種。每天除了清晨起床撿拾廢紙、傍晚手抄聖經外，有時還會去福利會館學習摺紙。她不僅認眞過著今天，同時也毫不眷戀地爲明天準備。

突然間感到慚愧。這正好映照出我「爲了明天」卻浪費今日、後悔昨日的面貌。那天，我遇見了這麼一位瀟灑的老奶奶。

「老奶奶，我會將您爲明天所做的準備，傳達給其他人的，謝謝您。」

老奶奶就這樣為明天做好了準備。她沒有因為失去聯絡的子女及困窘的生活而失意，也沒有懊悔昨日的種種。她不僅認真過著今天，同時也毫不眷戀地為明天準備。**這正好映照出我「為了明天」卻浪費今日、後悔昨日的面貌。**

幫忙搬家到天國的助手們

雖然辛苦，不過多虧有同事們幫忙，這項工作才得以持續到現在。他們沒有做錯什麼卻經常無故挨罵，倒楣時還會被人撒鹽，而且沒有一次能坐在餐廳好好吃頓飯。即便如此，他們不僅沒有抱怨，反而還安慰老闆說：「就是因爲這種工作辛苦，所以才更需要我們啊！」雖然是公司的員工，但我覺得他們眞的很了不起。

辦公室的全主任第一天面試的情景，我到現在還記憶猶新。在開公司的第五年，我決定找一位總括處理辦公室事務的職員。這些工作原本是由我親手做，但是有段時間工作受到延誤，要兼任實在有困難，我和其他同事討論後決定要再找人。

我們在求職網站上登徵人廣告，很多人打電話來詢問，我們也找了好幾位來面試。但是只要一提到公司的業務內容，大家臉上的表情立即黯淡下來。甚至還有人聽完後馬上搖手。

有一天，有位三十出頭的女性來面試。我們只不過是要爲這間小辦公室找個經理，結果那個人卻像是要去大企業面試一樣，穿得整整齊齊，而且似乎還上過美容院整理頭髮。那天我剛好在保養現場工作所使用的設備，所以辦公室看起來很亂，我的穿著也比較休閒，讓我感到有些不好意思。我們就在一片紊亂當中進行面試。

「我們公司所做的工作，是專門幫孤單死亡、自殺、因犯罪而失去生命的人清掃屋子。」

聽了以後，她的表情並沒有產生什麼變化。

「不會覺得怎麼樣嗎？」

「啊？」

「啊……我的意思是對這個工作不會覺得排斥嗎？像是會害怕，還是會覺得髒、不舒服什麼的。」

「不會啊，我不會覺得怎麼樣。」

「活著的人比較可怕吧，死人有什麼好怕的？」

就在這一刻，我們公司第一名女性職員誕生了。

上班的第一天，她早上八點就打電話給我，當時她人已經在辦公室門口，但門是鎖著的。不只是那天，後來她經常會提早一小時，八點就到公司，所以我也必須跟著提早上班。她比其他人提早上班，工作又勤奮，加上積極開朗的個性，很快就與其他員工熟稔起來。

可是有一天，全主任到九點才紅腫著雙眼到公司上班。雖然這是原訂的上班時間，但是因爲平常她都會提早到，所以感覺好像遲到。心中有些擔心，問她發生了什麼事，她卻回答說沒發生什麼事。

後來我才從其他員工那裡得知原因。原來是在前一天，她與要好的朋友發生爭吵。朋友從她來面試的那一天起，就一直勸她不要來我們公司上班。朋友說一個有四歲小孩的母親如果做這種工作，萬一招來不幸或惹來災禍該怎麼辦。吵架的那一天，朋友再次口氣強烈地說：

「妳的情況有困難到非到那種公司上班不可嗎？就算是爲孩子著想，是不是應該別去那裡上班了？」

結果兩人發生爭吵，全主任回家哭了一整夜，這就是她隔天紅腫雙眼、比平常晚到公司的原因。

從那天過後，全主任便再也不曾對孩子念的幼稚園或周邊朋友提起公司的名字，因爲她擔心社會的偏見可能對孩子造成不好的影響。結果就如全主任所說，所有問題都是活人造成的，而非已死的人。好在她依然堅定地克服周遭的眼光，直到現在仍與我們共事。

辦公室還有其他了不起的同事。有明明會怕貓，但卻不介意清理腐爛屍體及血淋淋現場的同事；也有不讓鬚眉、可以獨力揮鐽子一千次的女職員。

有一次要去清除瀰漫動物屍體惡臭的現場。委託人說那裡沒有其他活的動物，結果我們一到現場，卻發現有一隻狗和四隻貓在那裡游蕩。打了電話給委託人，他沒有接，似乎是刻意拒接的樣子。我做好可能無法加收費用的心理準備後，就開始工作。

因爲有同事怕貓，所以我們必須先抓住那四隻貓，否則有貓走動的地方根本寸步難行。

把貓抓起來後，同事就很放心地進去化妝室。但是才過一會兒，我們聽到裡面傳出震耳的哀嚎聲。同事原本沙啞粗獷的嗓音，竟然變得又高又尖銳，那種聲音是我第一次聽到。

「怎麼了？發生什麼事？」

同事臉色蒼白地衝出來，我們問他發生了什麼事，他卻只是把手放在胸口，呼吸急

由他人來整理反而比較容易吧！如果由家人動手整理親人獨居死亡或自殺身亡、甚至遭犯罪殺害的現場，就會一直想起亡者的過去，整理的工作將更為艱難。所以由我們來代為清洗血痕，抹去痛苦的記憶。

我們是一群幫忙搬家到天國的助手。

促地喘著氣。
「您怎麼了？」
最年輕的員工也慌張地跑過來關心。
「化，化，化妝室裡……貓，貓，有貓。」
我們一進化妝室，就看到一隻白貓優雅地蹲坐在馬桶坐墊上。牠面無表情，一動也不動。
同事告訴我們，去上廁所時看到這隻貓也嚇了一跳。因為貓一直靜止不動，他就以為那是標本，不過還是不放心地繼續盯著貓看，而那隻貓也依然保持靜止。就在這一剎那，貓的瞳孔突然動了！他以為自己看錯，又再仔細盯著看，貓的瞳孔再次轉動。這隻貓是活的！
這就是他魂飛魄散衝出來的原因。
另外還有一位了不起的同事，是找進公司要幫全主任接聽諮詢電話的女職員。因為她對業務不熟，為了要能勝任諮詢工作，就必須先從現場開始學習起。才剛進公司，這位女職員就跟著一同前往獨居者死亡的現場，她還去過堆滿垃圾的屋子，甚至去過火災現場，直接動手清理腐爛物質，或是鏟除垃圾跟敲敲打打。
那天我們去到一處被遊民一氣之下縱火燒光的中國同胞教會。因為範圍很大，現場清理需要許多人力，幸好當時有十位韓國電力公社的員工來支援。在拆除完畢後，剩下的工作就是要清理堆積在地板上的灰燼。

沒有人開口使喚，這位女同事就自動捲起了袖子，開始用塑膠鏟子將地板上的灰燼鏟入大袋子裡。電力公社的年輕人會抓住垃圾袋，由女同事把灰燼鏟入袋子，等袋子裝滿後，再由電力公社的年輕人搬到外面。這時另一名年輕人會拿新的袋子進來，女同事則是一刻也不停地繼續鏟著灰燼。如果加油添醋形容的話，大概重複有上千次。這種狀況似乎意味著某些事情正在改變。

那時有位在教會工作的阿姨帶了水煮蛋和蒸餃過來給我們當點心，於是我們都放下了手邊的工作，一起圍坐著吃點心。這位女同事不知是否因爲太累而沒有食慾，只吃了一點點就坐在角落休息。

教會的阿姨開口問：

「那位小姐好像是我們中國的同胞？」

這時，自小佔據內心深處的淘氣突然蠢蠢欲動。

「好厲害啊！您怎麼知道的？」

「韓國女生這種工作做不來的。是自己同胞才會願意做，因爲要賺錢嘛。」

「對啊。工作非常認眞，韓國話又說得很好。」

同事們聽到我的話都哈哈大笑。大家笑聲不止，阿姨帶著狐疑的表情走了出去。

女同事持續跟了一年，如今已具備現場各種粗活實際經驗的女同事與全主任成了公司的台柱。託她們的福，我可以不用分心在其他工作上，只需要專注現場即可。

因爲有這樣的同事，我才有支撐下去的力量。爲了讓他們至少能安心工作，我希望這個世界的認知可以改變，也相信那一天一定會到來。

我記得禮儀公司首次在電視上播出廣告時，雖然我的工作是禮儀師，但看過以後還是對廣告感到相當陌生及怪異。是因爲聽到原本被視爲禁忌的內容播出，所以受到衝擊吧。死亡在過去是需要低調處理的話題，而不是出現在電視上讓全世界討論的事，特別是對於尙未發生的死亡，更是禁忌。

不過如今只要一打開電視，馬上就可以看到這一類的廣告。因爲把喪禮交由禮儀公司處理的情況日漸普遍，廠商家數也愈來愈多。壽衣、告別式場、飲食等等所有事，都不需費心，禮儀公司自然會安排，現代人只覺得方便，絲毫沒有對此感到奇怪。

希望大家對這件事不再覺得陌生，也期待大家普遍認知這樣處理是必要的。事實的確如此，由他人來整理反而比較容易吧！如果由家人動手整理親人獨居死亡或自殺身亡、甚至遭犯罪殺害的現場，就會一直想起亡者的過去，整理的工作將更爲艱難。所以由我們來代爲清洗血痕，抹去痛苦的記憶。我們是一群幫忙搬家到天國的助手。

把一切都給了他

那是某個星期五。

「這是頂樓加蓋的房間，屋子裡堆滿了垃圾。因爲屋主星期天要過來，在那之前一定要清掃乾淨。書全部不要丟，除了書以外，其他東西都丟掉。」

是一名聲音略顯稚氣的女生。她問費用是多少，聽起來經濟並不寬裕，最後我還是決定幫她清理，但只收廢棄物處理費用。

雖然事先有收到照片，但是到現場看時仍然嚇了一跳。其實每一次看到「垃圾屋」都會吃驚，很難理解怎麼有人能把垃圾堆得這麼高，還有要如何在那種空間生活，更是天大的秘密。儘管坪數小，但實際作業之後，垃圾量還是多的令人稱奇。

這次的狀況比之前碰到的更嚴重。好像是有養貓的關係，瀰漫的排泄物味道令人作嘔；袋子裡腐爛的廚餘也成了蟑螂的食物，其中還夾雜著塑膠包材、紙、瓶罐等垃圾，光是分類就耗費了不少時間。屋主來的時候如果看到這番景象，一定會當場趕人吧。

房間原本就狹窄，垃圾又堆得密密麻麻，我們帶來的箱子根本找不到空間可以放。於是我們又拿來許多大塑膠袋，在垃圾堆中騰出一個空間，開始將垃圾往塑膠袋裡倒。每倒一次，不是散發出貓的尿酸味，就是有腐爛的廚餘濺到身上。

我們花費好幾個小時的時間，不斷重複地將垃圾分類、倒入，再分類、倒入，然後由一個人把裝滿的垃圾袋綁緊後搬出去。這裡是住宅密集區域，我們無法叫爬梯車，而裝載廢棄物的車輛也進不到這裡，只能提著垃圾袋從狹窄的樓梯下去，再搬到停在遠處的車子裡。

差不多就在將近一人高的垃圾開始減少時吧，我們遭遇隱身在垃圾堆裡的伏兵襲擊——是貓大便，地板整個都覆蓋著貓大便。雖然事後回想起來有些過意不去，也能充分理解，但是在當下卻很難不發脾氣。

默默清理貓大便的新員工突然開口問：

「主人都睡哪裡啊？」

「還能睡哪裡。當然是在這裡吃、在這裡睡，貓也養在這裡。不然這麼多的垃圾是從哪來的。」

在開始從事這項工作後，當我第一次看到堆滿垃圾的屋子時，也問過同樣的問題。不過垃圾再怎麼多，家終究還是家。如果不住家裡，還能夠住哪裡？

地板清理完後，我們開始清理衣櫃和抽屜。就在這時候翻到了一本記事本，打開一看，裡面寫滿了看不懂的註記。

「世界盃　兩小時　／　SBS　三小時　／　新世界　一小時。」

同事們瞄了一眼後說：

「好像是在KTV打工。」

下一頁同樣也是寫著工作地點和時間，收入金額則整理在下方，後來連日記本也出現了。從上面備註的生日來看，這個女孩子只有二十二歲。照理說這不是需要花大筆錢的年紀，這間頂樓加蓋的小房間租金應該不貴，而她看起來似乎也沒有買名牌的習慣，除了交代不要丟的書有足足三個書櫃外，化妝品只有簡單的幾件，而她事先收拾好的衣服總共也只有兩袋而已。

在日記裡有一段話，看起來像在寫信，也像在寫日記。

哥哥最後還是離開了，把我利用完之後就轉身走掉。不過我還是希望他能再回來，向我道歉說對不起，然後乞求我原諒。雖然我不喜歡自己這樣，但是我還愛他。就算他還是會再利用我。

雖然日記寫了很多東西，但我還是把日記闔上。其實一開始就不應該打開來看，所以現在更不能再繼續看下去。

看起來這名單純到有些傻的女生，把在ＫＴＶ打工賺的錢全都給了這個男生。如果依照記事本上記錄的收入來算，她一個月可以賺好幾百萬韓元，結果她自己住在破舊的頂樓加蓋房，而且除了書之外，什麼都沒有。生活窘困到連清掃費用都無法全數支付。

即使付出一切所有，依然擔心給的不夠，這就是愛情。這個女孩子爲無法繼續付出而感到焦慮。她希望男孩子能回心轉意，代表她想付出的心意已經超過了怨恨——儘管明明知道自己以前被利用了，也清楚未來可能還是一樣再度被利用。

不知爲什麼，我總覺得她是爲了這個男生才去ＫＴＶ打工的。當然這也算是一種偏見，她會要求書不要丟掉，應該也算是個愛書人，一個愛書人似乎很少會去ＫＴＶ打工。

把垃圾堆得像山一樣高，連起居空間都放棄，這就等於也放棄了生活。有垃圾要

有垃圾要倒垃圾，吃完飯要洗碗，傢俱蒙上灰塵要擦拭，地板髒了要拖地，這些都是不起眼的小事，**然而支撐我們日常生活的就是這些小事。**當生活的意志逐漸轉為消沉時，最先放棄的也正是這些小事。

倒垃圾，吃完飯要洗碗，傢俱蒙上灰塵要擦拭，地板髒了要拖地，這些都是不起眼的小事，然而支撐我們日常生活的就是這些小事。當生活的意志逐漸轉爲消沉時，最先放棄的也正是這些小事。

不過幸好的是她終於下定決心打掃，這是一種重生意志的表現。如果不是屋主想來拜訪，依她目前的狀況只要再持續一段時間，恐怕就會產生極端的想法。現在年僅二十二歲的她，正處於學習愛情的年紀，衷心期盼她所受的傷害能令她變得更堅強、更成熟。

失去生命意志的時候

「我不知道怎麼會變成這樣。」

這名男子對著才一開門就忍不住作嘔、急著退到門外的我這麼說。我從事這項工作好幾年了，像這樣令人難以忍受的狀況還是第一次碰到。到底情況如何呢？因爲沒有仔細看過裡面，目前還無法判斷。

「亡者是您的父親嗎？」

「是的，是我的父親。母親在幾年前過世了。」

他說亡者以前在工地工作很長一段時間，幾年前因爲腿部嚴重受傷，行動開始變得不方便。父親的自尊心很強，不願意自己就此成爲兒子的包袱，所以無論兒子如何挽留，他都堅持要搬出來。

一開始他經常前來探望父親。由於父親行動不便，所以他會幫父親買些生活必需品，也會準備些食物帶過來，然後再幫父親打掃屋子。不過隨著公司的業務日漸繁重，他來看父親的次數也逐漸減少。嘴巴一邊說要來看父親，但是常常打個電話問候就結束了。爲了讓兒子安心，父親老是用宏亮的聲音說這個世界進步了，需要的東西可以用訂的，想吃什麼都可以外送，叫兒子不用擔心。結果問候電話從每週一次變爲每月一次，接著變兩個月打一次、三個月打一次，次數逐漸減少。

如果三個月才打一次電話，有可能兒子是在事發很久後才知道亡者已死的事。不過我沒有問他，他說還會再過來之後就先離開了。

我們進到屋裡，第一件事就是噴煙霧消毒劑和脫臭劑，噴完後再打開門窗，快速安裝抽風機。經過脫臭及換氣之後，屋內空氣總算達到堪忍的程度。剎那間，我突然想起差一點忘記今天有記者要來。

幾天前有某家日報的新進記者說想要取材，我告訴他今天有現場作業。記者很早就來到現場，我把口罩拿給他，請他進來。他說想幫忙，向我要了手套。今天的現場連身經百戰的我都覺得吃力，心中不免會擔心，不過這也算是難得的經驗，所以還是將手套交給了他。

環顧一下屋內，裡面堆滿了酒瓶，瓶身沒有傾倒，全部都裝滿液體直立著。用眼睛看不出是什麼液體，我把口罩往下拉一點聞聞看，呃～忍不住一陣作嘔。員工第一次看到我有這樣的舉動，大家同時對我投以訝異的眼光。

是小便。屋裡堆滿的數千個酒瓶裡全部都是。無法知道到底擺放了多久，總之散發的味道極端酸臭。我怕員工們會馬上逃走不幹，不敢立刻跟他們說，不過終究還是要開口。如果想處理掉這些瓶子，首先要做的就是清空瓶子裡的東西。

「這位亡者行動不方便，大概是拿喝完酒的酒瓶來裝小便。我們可能要先把小便倒到馬桶裡。」

一名待最久的同事自告奮勇，天下有什麼事比這更令人感激涕零的？這是此時我心中唯一浮現的念頭。

首先必須找到化妝室。因爲怕把酒瓶打翻，我們小心翼翼地走到看起來像是化妝室的地方打開門看。

天啊！怎麼會這樣？裡面的大小便堆得比馬桶還高，連地上都是。我頓時覺得茫然，腦子裡一片空白。

亡者雖然行動不便，但還是可以自力上廁所。不過馬桶不知從何時開始堵塞，他無法自行修理，即便只需打一通電話求助就能解決，他卻不想麻煩別人，所以就一直忍著，終至淪落到這種地步。

另一名同事拿了用好幾層塑膠袋包覆的箱子過來。一旦箱子裝滿，就立即把塑膠袋的袋口綁緊清掉。等整理到一個程度時，我們開始不停地反覆噴藥及擦拭，再噴藥、擦拭。現在終於可以打開水龍頭清洗了，心裡頭不禁覺得暢快。上面的污垢雖然最後還要再擦一次，可是比起剛開始時，現在簡直乾淨得像個天堂。

接下來要清空酒瓶。新人記者來到化妝室說：

「酒瓶我來清理。」

「很噁心耶，您可以嗎？」

「沒關係的，我可以試試。」

我把酒瓶搬到化妝室，記者將酒瓶清空之後，另一名員工再把空酒瓶裝進紙箱。在不斷重複這些動作的過程裡，沒有半個人開口。先打破沉默的是負責將酒瓶裝箱的員工。

「箱子不夠了。」

瓶子實在太多了，我們決定改用塑膠袋裝，大家再度開始這無言的重複作業。雖然中午用餐時間一下子就過了，卻沒有人覺得肚子餓。誰還會有胃口呢？新人記者也不禁搖頭感慨，為什麼自己第一次出來採訪孤獨死亡事件的現場，就碰到有始以來最艱難的案件。

因為酒瓶裡都是滿的，沒辦法一次拿好幾個，加上怕打翻，所以移動時也要特別小心。我們的手和手臂幾乎快抽筋了，清理的工作好不容易才慢慢進入尾聲。

「總算結束了！」

我們同時喘了一口氣，一邊挺直腰，一起說出這句話。

「唉！」

不過這不是眞的結束，打掃才剛要開始而已。其他案件就算連續處理三個地方，大概也沒有像處理這個現場這麼累。我們只不過把廁所掃乾淨，把酒瓶處理掉罷了，該做的事依然多如牛毛。在分配好區域之後，我們又立即開始整理，不曾有片刻停歇。

原本擔心今天的工作無法完成，或許是因爲最困難的部分已經結束了吧，此時反而覺得輕鬆許多。大家似乎有志一同地想趕快做完，整理工作很快就告一個段落。

新人記者因爲有事必須先離開，正當我們還在忙時，亡者的兒子回來了。看到酒瓶已經清光，他的眼神帶著幾許詫異，應該早就知道酒瓶裡裝的是什麼。

「辛苦了！請用吧。」

他把一個像是裝有飲料的紙袋推到我們面前。不久前才經歷過與酒瓶的艱苦作戰，現在光是聽到瓶子的碰撞聲，就忍不住反胃了。

「全部整理完後再吃。謝謝！」

亡者的兒子似乎看出我的心思，略帶歉意地說：

「我去前面那家超市問過了，他們跟父親還滿熟的，早晚都會送酒過來，偶爾也會送拉麵。他們說父親並沒有到不能走的程度，但不知從什麼時候開始突然無法走路。超市員工說外送東西過來時，看見父親是爬著出來的……。」

兒子繼續用哽咽的聲音說：

「大概是每天一直喝酒，又不肯走路，所以腿傷就開始慢慢惡化。」

不知該說些什麼。我無法責怪聽到父親用宏亮的聲音說別擔心就信以為真的兒子，也無法說這是行動不便卻還堅持獨居、最後終於悲慘結束一生的亡者的錯。亡者只是一名不想成為兒子包袱的父親，而兒子也只是一名每天忙著供子女讀書的平凡家長。

對現代家庭來說，如今連全家要聚在同一張桌子吃飯都很困難了。小孩忙著上學和上補習班，父母則忙著工作賺取孩子的學費。一到假日，孩子都外出找朋友，父母為了消除平日的疲累而躲在家裡補眠。這種情況能說是誰的錯？

在玩樂、學習、吃穿的方面愈充裕，所花的錢就會愈多。父母不分日夜拚命賺錢，就是想讓孩子過著不虞匱乏的生活。想賺更多的錢，必須進入大公司；想進入大公司，從小就必須進入收費昂貴的私立學校，長大後還要考進名校才行。

不是只有子女為了建立自己的「規格」在忙碌而已，父母在工作之餘同樣也不能休息。他們為了提升自我，必須四處聽演講或是上英文補習班。亡者的兒子也只是這個時

生活品質受能力所支配，跟不上的人將逐漸落伍，進而被周遭的人及家人所遺忘，與社會脫節。**這樣的人慢慢成為失去自我、喪失生命意志的隱居型孤立者，最後終至凋零**，這就是所謂的「孤獨死」。

代的衆多求生者之一。來父親家一趟往返就要花四個小時，所以無法經常探望父親。也許他是眞的爲了生活而忙到抽不出時間，並非不擔憂或不關心。世界改變了，總不能只有自己還一直停留在過去，難道這個世界會等我嗎？當然是我要跟著世界改變。

亡者對兒子說過「現在世界進步了」。只要撥一通電話，按幾下滑鼠鍵，需要的東西都會有人送到家裡。思念什麼人，用視訊通話就可以見到面，就連在駕駛中的車子裡也都可以看電視。從照顧及教育小孩、做家事到各種交辦事項，只要花錢，再怎麼困難麻煩的事，都可以找到人代爲處理。有了這麼多進步的文明利器，生活中幾乎沒有什麼事是辦不到的。

只要經濟能力許可，就可以過著人人稱羨的生活。生活品質受能力所支配，跟不上的人將逐漸落伍，進而被周遭的人及家人所遺忘，與社會脫節。這樣的人慢慢成爲失去自我、喪失生命意志的隱居型孤立者，最後終至凋零，這就是所謂的「孤獨死」。

亡者也是在腿部受傷、喪失經濟能力後，才開始失去生存的意志。他選擇搬到離兒子家兩小時車程的住所，獨居後不照三餐吃飯卻日夜酗酒，也不向任何人求助，這些都不是有求生意志的人會做的舉動。

由於強烈的自尊心作祟，讓他難以忍受自己跟不上世界變化的事實，就兒子的立場而言，要卸下對失去能力的父親的扶養責任又會有罪惡感。但是兒子還要扶養其他家人，兒子未來的路也還很長。或許亡者心裡是這樣想的吧：自己早點死對大家都是一種解脫。

與外界斷絕往來，終至孤獨死亡的人愈來愈多。爲什麼會變成這樣子？知道有問題，卻不容易找到答案。我在此先起個頭，讓我們一起找出答案。

希望我們所處的世界，是個可以讓任何人都具有「求生意志」的地方。

第三章

希望，盛開在谷深之處

「這種生活要怎麼過？」這是剛進公司的職員必問的問題。每每碰到有人問時，我就會這樣回答：「如果一個人要煩惱三餐和居所，受到人們背叛，被孤獨啃蝕，他就會失去求生的欲望及生存的意志。」她也不想住在堆滿垃圾的屋子裡，不過那是從一出生就已經決定好的環境，也是家人所在的地方。當工作差不多快結束時，我們終於可以和這家人對話。「已經決定搬去哪裡了嗎？」女兒眼眶泛淚地說：「離開這間屋子是我一生的願望，如今願望終於實現了。」

戴著人皮面具的惡魔

打電話給犯罪受害者聲援聯合會所提供的聯絡人，確認好位置之後出發，那裡是一處集合型住宅。接電話的屋主從裡面走出來，臉色看起來不太好。家裡失火了，心裡想必不好受吧。

我和女屋主一起進到屋裡準備進行估價。縱火事件與其他案件不同，必須先寫好報價單寄給法務部（법무부），要等到獲得許可後才能開始作業。

起火點是在一樓靠裡面的房子。在焦黑的灰燼覆蓋之下，室內更顯得黑暗。看不清楚四周，而電線又被大火燒毀，所以無法開燈。

隔壁的房子也受災嚴重。房屋裡一片漆黑，灰燼飛散進入屋內，將空氣攪得混濁。殘留的煙霧發出陣陣惡臭。

我們下去滅火過程中受到二度傷害的地下室。如我們所預期，兩間屋子的地下室都已經汪洋一片。地板已經淹水，天花板和牆壁都被水打濕，壁紙在空中飄晃，傢俱和家電製品因為進水，可能都得當廢棄物處理了。這裡感覺更像是洪水受災區。

因為到完全復原為止這裡都無法住人，這時租屋的房客勢必要向屋主討回房租，搬到別處。屋主不僅要承擔本人所有建物毀損的損害，連房客的損失也必須賠償。

起火點在一樓，一樓的房子已經完全燒毀，內部必須整個拆掉，隔壁房子及兩間地下室則是先進行除臭，然後再清理廢棄物及打掃。由於當時火勢往上竄燒，所以窗戶已有破損，建物外牆也被燻黑，四處都有祝融遺留的痕跡，外牆部分還要找高空作業車輛來清理。受害狀況算是相當嚴重。

看起來需要好幾台車，但停車是個大問題。每一戶都有一台車，停車場也常是一位難求。每次到住宅區都要為停車問題而頭痛。載廢棄物的四．五噸卡車，高空作業用的一噸高空作業車，裝載清掃設備的一．五噸卡車，員工搭乘的一噸重車輛二到三台，住宅區附近根本沒有足夠的空間可以停下這麼多車輛。結果我們只能把車子停在遠處，然後利用手推車搬運設備，載廢棄物的卡車為了找車位，還得不時地移動。如果我們有十名人力，就一定得安排一個人全天在外面移車。

清理火災現場雖然不容易，不過這次似乎比平常的狀況還麻煩。我大概估算了一下作業規模，又向屋主詢問房客們的聯絡方式，以便整理應廢棄物品與保管物品的項目。我事先告訴屋主，只要法務部的許可一下來，現場整理作業就可以開始。

我和一同前往的同事分工，一個個撥電話給房客。等物品清單整理好之後，接著確認傢俱的材積，預估廢棄物的大小數量及需要的作業人員數。為了準備高空作業，我們還仔細確認了高空作業車是否能靠近的問題。

即使火災現場的勘查基本作業已經完成，由於報價單送出後不知何時才可以拿到許可，所以我還是會調整時程，盡量空出最多兩個星期的時間。因為一旦許可下來，清理作業就必須馬上開始。還有，火災現場的特性除了有惡臭外，灰燼也會四處飛散，使得鄰居深受其害，所以我們必須快速作業。這項作業需要許多裝備及人力，作業時間也會持續好幾天，因此我們要做好萬全的準備，接著就只要等許可下來。

法務部的許可終於下來了，我們再度來到現場。由於作業時間不得超過報價單上記載的日期，所以我將員工依區域分配管理，並隨時確認他們的作業狀況。我安排一名員工負責整理現場周邊，協助確保計畫不受耽擱。電線和自來水管的部分全部燒毀，我們盡可能借用最近的電力及自來水，此外還要處理因為停車而產生的糾紛，萬一需要移車時，也要設法尋求對方諒解。另外像是找間可以容納那麼多員工吃飯的餐廳，或是應對一下看熱鬧的人們，這些全是工作。

附近鄰居都認識起火的這戶人家，所以有很多鄰居來火災現場觀看。有這麼多人圍觀的現場，應該不看犯罪受害者聲援聯合會的公文也沒問題。因爲人群中有比公文、比新聞更能正確告知細節的歐巴桑們。

火災肇事的這一戶人家住著一位媽媽和兩名女兒，嫌犯是大女兒的男友，從一年前起就經常在此出入，和大女兒相處愉快。像是每次來雙手都會帶著一包食物之類的，對女友家人照顧得無微不至。

大概經過三個月時間後，他幾乎都住在女友家了。從那時候起，就開始慢慢出現問題。他時常坐在房裡熬夜打電動玩具，甚至連工作都辭掉。雖然家人對他的行徑大感失望，但因爲大女兒愛他，再加上她相信男友會再回到以前的樣子，所以她說服家人繼續等待。

然而他卻不斷抱怨，對女友也毫不客氣地惡言相向，還對偏袒女兒的母親恐嚇威脅，完全沒有改變。全家人都希望他離開，經過三番兩次要求，終於把他送走了，母女三人也重新恢復平靜的生活。

然而這份平靜並沒有維持太久。幾天之後，男子回來縱火燒房子。上夜班回來正在熟睡的小女兒在床鋪上斷氣，大女兒雖然送到加護病房，但救回的希望渺茫。只有較早在火海中找到生路的媽媽受到輕度灼傷。

監視器判讀的結果，鏡頭捕捉到一名戴帽子和口罩的男子那幾天在社區裡徘徊及觀察四周的畫面。在起火的幾個小時前，男子提著汽油桶上屋子後方的四樓透天厝，然後又立即空著手走出來。他確認了可以躲避監視器的路徑，事先將汽油搬進去。

幾個小時後小女兒回來了，這時母女三人都在屋內，男子進入屋裡潑汽油犯下罪行。這個可怕的事件令附近居民受到很大衝擊，尤其是在家中身為母親、有年齡相近兒女的人，更是膽顫心驚。

被害人在這個社區住了很長一段時間，社區裡幾乎沒有人不認識這一家人。媽媽個性文靜穩重，一個人獨力扶養兩個女兒，把她們教得品行端莊。全家都是心性正直的美人，母女三人也都相互疼愛，過著和睦幸福的生活。

「當初如果沒有認識這名男子就好了。」阿姨們禁不住感到惋惜。

「人長得斯文，身材又高大，乾淨俐落，很有禮貌，看起來忠厚老實，很討人喜歡。在巷子裡碰到人都會開口問候，不會走過去不理人。好像是交往了幾個月，後來就乾脆住到她們家，大概是有準備把他當女婿吧。大家都覺得這個年輕人不錯，也替他們高興有個好結局。有人說『家有三斗糧，不做入贅郎』，可是這個男孩子好像決心連丈母娘和小姨子都要一起照顧，眞是難能可貴。只是沒想到從入春開始，就常聽到他們吵架的聲音。這麼多房子密密麻麻，加上天氣悶熱會開窗戶，所以經過時都聽得到。本來三天兩頭就大聲吵，有一陣子突然安靜下來，沒想到接著就發生這件事。哪裡會知道，那個男的是個魔鬼。他根本是戴著人皮面具的惡魔！他如果不是魔鬼，就是怪物！」

之前處理過的縱火現場，都是偶發性的犯罪，像是有喝酒、一言不合、長久累積的壓力、金錢問題、一氣之下等等各種原因，才犯下了縱火罪。但是這次卻明顯帶著想殺死全家人的意圖，而且是經過縝密計畫之後縱火的。幾天前先觀察環境，然後又花好幾個小時等三個人全部回家。

雖然是罕見的情況，但確實曾有那種犯罪現場，會讓人覺得是母親的暴力讓少年在忍無可忍的情況下失控造成的。然而這一次我終究無法說服自己。

愛轉爲憎惡，人變成了怪物，誰能想像得到？而我們對於人的存在又了解多少？我突然間感到不寒而慄。

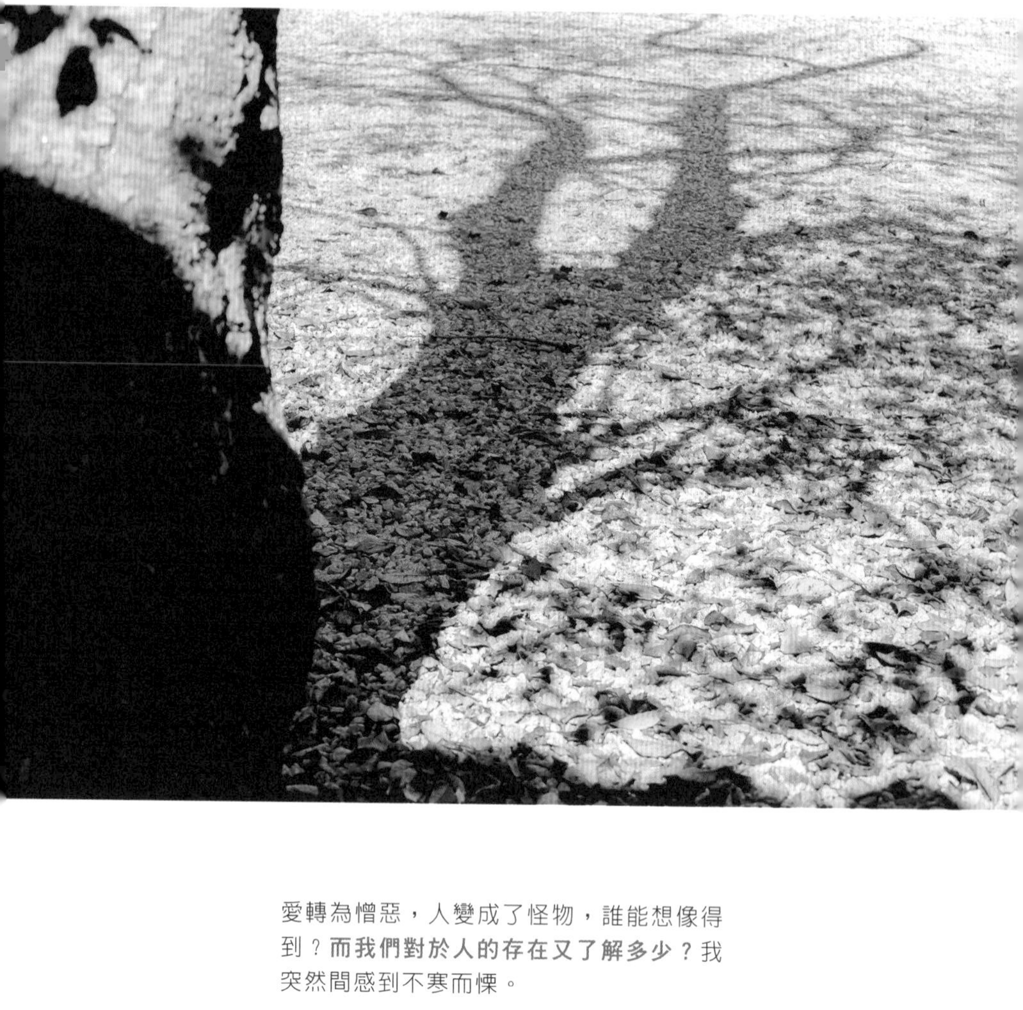

愛轉為憎惡，人變成了怪物，誰能想像得到？而我們對於人的存在又了解多少？我突然間感到不寒而慄。

世界上最糟的選擇

冬天是淡季。冷風灌進屋內，家家戶戶都緊閉門窗，死亡這件事也就不易被發現。所以委託清掃的案子較少，但是現場通常也比其他季節的案子擱置得更久。

那天一樣沒有安排工作，我坐在書桌前看了好幾個小時的網路新聞，總算等到一通久違的委託電話。我帶了兩名同事去到掛著「套房出租」招牌的大廈，打那通電話的管理員出來迎接我們。

「警察有說是在多久之後發現的嗎？」

「說大概是三週左右。住進來的時間也差不多是三週前，看起來好像就是那一天發生的事。沒帶什麼行李，表情看起來又陰鬱，我那時也感到奇怪。」

管理員原本還想繼續說，但卻閉上了嘴。儘管對他猶豫沒說出口的話感到好奇，不過去現場應該就可以知道了。在搭電梯上去的過程中，我們都沒有開口。

門把已經脫落損壞，原本關閉的門殘留著勉強被打開的痕跡，這是自殺現場常見的景象。走進去一看，掛在冷氣排氣管的兩條領帶映入眼簾，果然又是不太高的位置。

自我了結生命的人，選擇上吊的地點通常不會高過一個成年人的身高。剛開始我很訝異，在腳能碰觸到地板的高度自殺，有可能嗎？

慢慢地我才明白，決定生死的關鍵不在於腳是否能著地，而是在於求生的意志有多強烈。失去活下去的意志而尋死的他們，先在脖子上纏繞繩線，然後再靠喝酒或吃安眠藥來入睡。等熟睡之後，繩線就會緊纏脖子而亡。因此其實有很多人是選擇用門來上吊自殺。

我們將領帶剪斷後放入廢棄物箱子裡。每當收拾做為致命工具的物品時，心情總是錯綜複雜。

但是很奇怪，我們發現床上已經有腐敗物質產生。

「難道還有其他人死亡嗎？」

「是的，還有一名。」

抬起頭望著管理員，心裡正納悶是否爲同伴自殺。

「是一名四歲的小孩。」

「小孩子？」

「是女兒。聽警察說死者是先勒緊小孩的脖子。」

聽說亡者的父母來過了，一位同時失去兒子與孫女的亡者父親。從來現場鑑定的刑警與亡者父親的對話中聽出來，原來亡者是三十一歲，小孩的母親則只有二十三歲。重點不在於年輕，而是在於對一個思慮不夠成熟的大人來說，婚姻生活及養育小孩實在太辛苦了。

從媳婦離家之後，孩子的奶奶幾乎每天以淚洗面。在傷心之餘，奶奶也催著父親馬上去將孩子的母親找回來。那一天，奶奶又再度責備父親，質問他這種日子要過到什麼時候？父親聽完後就這樣帶著孩子及孩子的娃娃出門了。這是他們最後的模樣。連衣物都沒準備的兒子，一離開家馬上就簽約入住出租套房。

幾乎沒有帶任何行李，身邊只有五隻娃娃、三個空酒瓶和一包菸。打開香菸盒一看，只少了一枝菸。來到這裡抽的這枝菸，是他生前的最後一枝菸，恐怕也是在殺死女兒之後抽的吧。心中不禁升起一股難以言喻的怒氣，當時我的女兒也是四歲。

早晨上班前抱在懷裡的女兒身軀此刻在腦海裡浮現，軟嫩而柔弱。孩子就像蓬鬆溫暖的羽絨般輕盈，因為太輕太柔，不管是要抓她、要抱她，還是要跟她說話時，絲毫都不能出力使勁。但是，他對他的女兒做了什麼事？

是因爲覺得與其失去雙親活著，還不如死了好嗎？他做了一個世間最糟的選擇。如果覺得沒有父母的孤兒可憐，他自己就更應該好好活著，即使做不到，也應該留下孩子。

孩子的生命並非屬於他人所有。認爲沒有父母的小孩就一定會不幸，而且只能過著悲慘的生活，這是缺乏根據的錯誤想法。他誤以爲只有自己才能讓孩子幸福，失去父母的孩子就註定不幸。如果眞的是這樣，難道孤兒的生命都只有結束一途嗎？

孩子屬於自然所有，孩子的生命與父母不能劃上等號。每個生命都是獨立的，並非生他、養他，就是孩子生命的主人，但父母們通常不願意承認這一點。

眞的沒有心情再工作下去了。過世的小孩和我女兒的模樣在腦海中重疊交錯，眼淚已經快要滴落，我趕緊開門走出去。同事理解我的狀況，大家什麼也沒問，繼續安靜地整理現場。

一直到最後，我都沒能再進入現場。娃娃圍了一個孩子遺留的痕跡，讓我無法再踏入半步。

孩子的生命並非屬於他人所有。認為沒有父母的小孩就一定會不幸，而且只能過著悲慘的生活，這是缺乏根據的錯誤想法。並非生他、養他，就是孩子生命的主人，但父母們通常不願意承認這一點。

希望，盛開在谷深之處

接到一名女性委託人來電，說家裡準備拆遷，在那之前要把傢俱丟棄，因爲垃圾太多，請我們先提供報價。

約好拜訪的時間，去到現場才發現，這是到目前爲止所見過垃圾最多的房子。光是要丟的垃圾就有將近十噸之多，人力估算也要動員超過十個人，而且大概需要兩天才能清理完畢。

終於到了要打掃的日子，因爲巷子太窄，光是要停一台四．五噸大的卡車就花了近一小時。大部分人都搬走了，只剩幾戶還住這裡的人要拆遷，這一戶是其中之一。

這間房子已經蓋好很久，屋況也接近廢棄狀態。從大門口開始，到每個房間、倉庫和閣樓，垃圾都堆到接近天花板的高度，連要進到裡面來都很困難。那個場面彷彿垃圾像是梁柱一樣，支撐著天花板。

首先我們將大門卸下，從堆滿庭院的垃圾開始清理、搬運。

「跟博物館沒兩樣耶。」

就如同事所形容的那樣，我們在數十年間所累積的垃圾中不斷倒出一些舊物，包括已經不再生產的餅乾包裝，一九八〇年代的雜誌、報紙，還有唱片等等。

同事又問：

「這種生活要怎麼過？」

這是剛進公司的職員必問的問題。每每碰到有人問時，我就會這樣回答：「如果一個人要煩惱三餐和居所，受到人們背叛，被孤獨啃蝕，他就會失去求生的欲望及生存的意志。」

這一戶除了委託人以外，她的哥哥及行動不便的母親也住在這裡。父親在女兒剛出生時因爲交通事故而身亡，母親也因爲那場交通事故失去了一條腿。原本是一對已經生了孩子、家庭小康和樂的夫妻，卻因爲瞬間的一場事故，讓身爲家長、也是家中梁柱的父親離開人世。從此年輕的太太必須撐著失去一條腿的身軀，撫養剛出生的女兒和四歲大的兒子。

雖然拿到的賠償金還能夠撫養孩子，但她卻已失去在難以想像的現實中繼續經營生活的意志，垃圾就是從那時候開始堆積的。即使兩兄妹後來長大成人，由於自小認知的環境就是那樣，所以長大後也就習以爲常。

有本書叫《雨啊，請你到非洲》，書裡講的是身陷戰爭與飢餓中的非洲人故事。他們從一出生就面臨各種病毒的威脅，很容易失去性命；成長過程裡也是連每天吃一頓飯都有困難，因此有很多人餓死。在如此悲慘的情況下，兒童還要提槍上戰場，而且他們竟然認爲這是理所當然。

平常只要有一隻蒼蠅在我們眼前飛來飛去，我們都會揮手驅趕，但是非洲那裡的人即使有數十隻蒼蠅停留在臉上，也都無所謂，因爲他們早就已經習慣。對這一對兄妹來說，從他們張眼看到世界起，這裡就是一個垃圾場了。從身爲人生最初導師的母親那裡，他們學不到必須過著讓家裡、身體、心靈都清爽的生活。

雖然是在這種環境裡長大，但是女兒及兒子與其他一般的成年人沒有什麼不同。他們都在上班，衣著服裝也是整齊乾淨，只有居住環境和別人不一樣而已。就在所有清掃工作差不多快結束時，我們終於可以和這家人對話。

「已經決定搬去哪裡了嗎？」

坐在輪椅上的母親容光煥發地回答：

我再次深刻感受到，一場任何人都可能遭遇的悲傷及痛苦，是如何地改變一家人的生活，也體認到從父母呈現的樣貌即可看出子女未來是什麼樣子的事實。**想讓兒女耳濡目染過上正向的生活型態，父母應當率先以身作則。**

「是的。拿到不少搬遷費，房子已經找好了，家電用品和傢俱也都會全部換新。」

女兒眼眶泛淚地說：

「我還以爲這輩子到死都不會離開這間屋子了。離開這間屋子是我一生的願望，如今願望終於實現了。」

接著，露出燦爛無比的笑容。

她不希望住在堆滿垃圾的屋子裡，不過自己從小在這裡出生，家人也都住在這裡，即使知道有更好的地方，但總不能因爲媽媽不夠好就要換媽媽，也不能因爲自己的家和別人不一樣，就要離家出走吧。雖然家裡像一座垃圾場，可是對她而言，這裡仍是一個能與家人共同棲身休憩的空間。

我對他們說恭喜，也眞的很替他們高興。一方面是我再次深刻感受到，一場任何人都可能遭遇的悲傷及痛苦，是如何地改變一家人的生活；另一方面若從父母的身教將影響子女未來面貌的觀點來看，我也體認到身爲兩個女兒的父親所該具有的責任感。想讓兒女耳濡目染過上正向的生活型態，父母應當率先以身作則，這也是此次附帶的領悟。

痛苦，是按月支付的人生租金

這是第二次來到濟州島。由於設備及藥品都是不能上飛機託運的物品，我們只好開車，兩次都是用船載過去。

到達濟州市市內，密集的高樓大廈與首爾沒兩樣。只有路邊的椰子樹，才讓我們有身處濟州島的實質感受。

我們在有數十戶住戶的住商混合辦公大樓見到了委託人。他是大廈管理員，也是不動產仲介公司的員工，一見到面他就先嘆了口氣。

「有找業者來打掃和消毒過，但還是跟原來一樣。清潔劑都用掉一桶了，還是一樣。」

聽完後我也跟著嘆了口氣，這種事經常發生。如果使用清潔劑就可以處理的話，那我們這種行業就沒有存在的道理。而且很多清潔業者不具備完整的特殊清潔知識，他們凡事都想成和搬家打掃一樣簡單。一頭栽進這個行業，在專門設備和藥品缺乏的情況下進行清掃及消毒，導致後續的情況常常更加惡化。

門一打開，清潔劑的味道立即撲鼻而來，應該用掉不只一桶。此時眼睛開始覺得刺痛，頭也逐漸昏沉起來。雖然因爲怕影響到鄰居，我們作業時都必須關門，但是當下已感覺生命受到威脅，所以不得不把門打開。其實依照我們的工作守則，在密閉的空間裡是不能使用大量清潔劑的。

我們在得到管理員同意後把門窗打開。爲了防止惡臭飄到上面的樓層，我們將移動式抽風機設置在窗架上。在確認換氣效果達到一定程度後，開始觀察屋內的狀況。在洗衣機上看得出有燒焦痕跡，那裡似乎曾經燒過煤炭。我們先拿出藥品擦拭每個角落，因爲惡臭早就已經隨著空氣四處蔓延。天花板、牆壁、傢俱、還有家電製品，全都染上消毒水的味道。空氣中若只有噴灑一般消毒藥水的話，那種味道是絕對沒有辦法清除的。

現在我們必須撕除壁紙。撕紙的工作看起來好像很簡單，但卻要花費不少時間和勞動力。通常塗褙都是在原本的壁紙上再加貼一層壁紙，所以壁紙會疊好幾層，最後壁紙變得像合板一樣又厚又硬，非常不易撕除。尤其最早貼上去的宣紙和壁紙黏著牢固，根本無法一次撕完，經常要小塊小塊地撕除。

有一次爲了撕除八坪大的套房壁紙，我們有兩名壯漢花了超過兩小時的時間才撕完。但是不管怎麼費時，壁紙都必須撕光，因爲上面已經沾有惡臭。

撕完壁紙後，接下來要處理地板。地板是原木磚，恐怕這就是嚴重惡臭的來源吧。一般地板是塑膠材質，腐敗物質不容易滲入到地板下，但是腐敗物質能透過這種木紋磚的微小縫隙流入，強酸物質的有機酸會將每一塊木磚之間的黏著劑溶解，然後滲入至水泥地上。

地板無法用手直接拿，必須先用機器將木磚取出，然後再將水泥地板的黏著劑除去。這是我們無法處理的作業，我們向管理員說明之後，就開始用手機搜尋可以作業的業者。由於設備價格昂貴，我們很擔心找不到有這種設備的業者。首爾或許會有，但這裡是濟州島。

幸好我們找到在濟州島唯一擁有這台機器的業者。打電話詢問後對方告知，現在其他地方正在使用這台機器，大約再過一小時後可以送到這裡。眞是太幸運了！直到這時我們才感覺到飢餓，午餐時間已經過了好一會兒。

正當我們準備外出吃飯時，有一名神情異樣的女人走進來，管理員趕緊起身向她問候，我也遞上了名片。這女人拿到名片，立即大發雷霆。

「爲什麼偏偏要死在我們家。你們知道我有多心煩嗎？到現在都還得吃頭痛藥，心跳也一直加速，剛剛才從醫院回來。想到爲了打掃家裡，不知花了多少錢，我就忍不住一肚子火，晚上都睡不著覺。他們吞下保證金，還花我的錢，跟我說大話會掃得乾乾淨淨，結果還是一樣有味道，這次眞的行嗎？哎喲，爲什麼偏偏要死在我們家？」

女人一口氣不停地講下來，高八度的聲音令人一陣陣頭痛。

「那是因爲發臭來源沒有清除的關係。如果把臭味根源去除後再重新上塗層，味道就會消除，請別擔心！」

但是，她連聽都不聽，就又開始唉聲嘆氣，而我也不想聽她說，心裡只想著：

「要是現在不去吃飯，就得挨餓到作業結束後才能吃。她的話怎麼一直在重複。」

因爲碰到不肖業者，原本一次可以結束的工作變成要處理兩次，難免令她煩心。此外處理費用還要增加兩倍，而且房間也不能一直空著。當初要不是房客在這裡自殺，就不會有這些事發生，心中想必會對房客心生怨恨吧。

屋主和管理員短暫聊了一下，我跟他們說等地板拆卸更換後就可以開始作業，講完後就出去吃飯。因爲頭痛，我按住太陽穴走進一家湯飯餐館。出餐後大概只吃了兩湯匙左右，就接到木紋磚拆卸設備的操作師父來電話，說他已經到了。我只好停止用餐，起身離開餐館。

設備操作師父一到現場就皺著眉頭。

「這是什麼味道？」

師父一邊自言自語，一邊開始拆卸地板，以及清理附著在上面的黏著劑。花不到十分鐘的時間，就看到水泥地板外露出來。果然如事前所料，地板色澤有一半以上已經變得黯沉，從門檻到壁櫥都滲入了有機酸，所以必須將門和壁櫥拆掉，地板重新塗層，才能阻斷惡臭。

將狀況說明之後，屋主又開始再一次發怒責怪亡者，同時還提到亡者的家人。在亡者被發現後，她搜尋到亡者的父母。亡者父母兩人大吵一架，對女兒的死互推責任。父母已經離婚，女兒原本與媽媽一起住，六個月前離家說要去夏威夷遊學。偶爾她會半夜打電話回家，說自己過得很好。家人覺得那個時間打電話只是時差的關係，沒想到她的屍體卻在六個月後的濟州島被發現。

由於沒有留下遺書，無法知道自殺原因，只能推測是因爲沒有一個可以倚靠的家。不在乎女兒爲什麼死，只會爭論「都是你的錯」的父母，也難怪女兒會覺得孤單痛苦。

雖然她想脫離家庭，甚至編了離家遊學的謊言，結果卻在無人熟識的濟州島孤獨地結束一生。聽說她才二十出頭，是個依然充滿夢想的年紀。她是帶著什麼樣的夢想來到濟州島呢？或者這件事從一開始就已經計畫好了？

答案已經無法知道，我只把我的工作做好就回來了。不過總覺得不該是如此，這種

「痛苦」，要活著才能體驗，「幸福」也必須活著才能品嚐，因此無論是痛苦還是幸福，都是我活著未死的見證。人生不可能沒有幸福，也不可能沒有痛苦，但是我們卻只想取其中一個。

想法也一直在腦海中盤旋不去。

「痛苦」，要活著才能體驗，「幸福」也必須活著才能品嚐。人生不可能只有幸福，也不會全然都是痛苦，但是我們卻只想取其中一個。幸福來臨時被視爲理所當然，所以感受不到那是「幸福」；痛苦卻被視爲不存在於原本的生命裡，所以碰到時會抱怨「爲什麼發生在我身上」，甚至悲觀地殘害自己。

痛苦，就像是每個月固定要繳納的房租，但是相較起來，其實有更多的幸福降臨在我們身上，只不過我們將它視爲理所當然而沒有發覺。

活著，是一件值得祝福的奇蹟。我的存在是宇宙形成以來最特別的事件，一旦出生，我就已經是被選擇的存在。

借用一段不知在哪裡看過曾深受感動的話，想傳達給那些有尋死念頭的年輕人。

「想死」這句話反過來說就是「不想活得那麼痛苦」，換句話說也就是「希望好好地活」，所以我們應該把「想死」這句話用「希望好好地活」來取代。不要說死亡，因爲所謂「生命」的涵義，就是「活下去」的指令。

大家所喜歡的告別方式

房門上貼滿了照片，是五歲左右的男孩與看起來四十出頭的男人合照。兩人不是互相餵著冰淇淋，就是一起做出滑稽的表情，或是赤腳走在海邊。把孩子舉高開懷大笑的照片，還有教孩子騎腳踏車的照片，也都同時映入眼簾。

我的女兒與照片中的男孩年紀相仿，難以想像這個男人如何能放下孩子自己離開？心情感到十分沉重。不論孩子有沒有做錯什麼，在孩子的父母死亡現場作業，總是讓人心力交瘁。

就在快要清掃完畢時，委託我們打掃的亡者朋友來到現場。他說孩子的父親罹患肝硬化，離婚後搬來這裡還不到一個月。難怪這裡還有尚未解開的行李，房門及窗框看起來也像是才剛油漆不久。

羅患肝硬化，再加上才搬來這裡不久，沒想到空酒瓶竟然出乎意外地多。有可能是因爲酗酒致死，原本放在床邊的油漆桶裡有血，看起來似乎發生過咯血的情況。

照片中的亡者看起來很幸福。光從門板上貼滿的照片來看，顯然他是一名深愛孩子的父親。然而即便處於吐血的痛苦當中，他的手卻還是握著酒瓶。健康持續地惡化，加上離婚，最後終於與孩子分離。他的心情如何，恐怕是我們難以想像的。

就算事先不知道，通常在整理現場時，我們還是可以發現幾件事。從現場的室內裝潢和傢俱、家中物品和書本，可以告訴我們在這個房子裡住過什麼樣的人。

亡者住處的房門、窗框和線板全部漆成白色，傢俱卻都選用對比的黑色。其他裝飾小物既簡潔又有品味，房間布置得宜，亡者應該是個感性細膩且安靜的人。

他似乎很喜歡陶藝，因爲我們看到許多相關的藏書，甚至連家用電鍋都有。這裡還有電子琴和吉他作曲時所需要的電腦設備機器，原來他以前是一名作曲家。

不管是工作還是興趣，都是獨自進行。亡者大部分的時間不與外界來往，而是自己一個人待在家裡。最後連死亡也是孤獨一人面對。

孤獨死亡再也不是孤獨老人的問題而已。因爲地方福利會館或居民中心有實施照護服務，所以獨身老人死亡的人數反而減少，現在的問題在於年輕人的孤獨死亡。

都市裡的單人套房急速增加，單人用傢俱愈多，孤獨死的案例也隨之增多。他們的生活與外界幾乎斷絕聯繫，所以不容易被發現。死亡後只要一天之後就會產生屍臭，味道也會傳出來，只不過隔壁或前面、上下鄰居多半漠不關心，也不會疑心什麼。如果發現異常，就算心裡不舒服，似乎也應該關心一下，但結果卻是買罐氣味芳香劑回來噴，然後將所有門窗關緊，假裝若無其事。

要是能被久未聯絡而前來拜訪的朋友或家人發現，這還算幸運。如果是因長期積欠水電費而遭斷水斷電，然後被一直沒收到房租的屋主發現，這時通常已經放置超過三個月了。

對這位四十歲出頭的年輕父親來說，「孤獨」是讓他落單不到一個月就喪命的致命關鍵。「孤獨死」要凸顯的不是死亡，而是生。「孤獨死」告訴我們的不是他死得多孤獨，而是告訴我們他活得有多孤獨。不管是因爲生病還是自行結束生命，「孤獨死」都是由寂寥落寞的生命所召喚來的。一旁的空酒瓶，高聳的垃圾堆，空無一物的冰箱，滿布灰塵的地板，偶爾則是名牌服飾與閃亮的寶石，這些都是孤獨留下的證據，顯示亡者已經喪失生存意志。它們不正是顯示著，「死亡」是因爲再也找不到活下去的理由。

亡者年紀和我差不多，而我是個只有一名女兒的父親。或許是這個原因，讓我想起很多事。早晚都將面臨的人生最後一刻，會是什麼樣子呢？我面對的死亡又該是什麼樣

我也祈禱，自己能有這樣平和安寧迎接死亡的幸運，在最後一刻能夠一一擁抱我所愛的人，然後安靜地像睡著一般。**大家應該也都喜歡這種與世界告別的方式吧。**

子呢?想到這裡，心中突然浮現以前當禮儀師時遇到的一樁死亡。

當時正值中秋，有一位老奶奶過世，由我爲她擔任禮儀師。也許是節日的關係，告別式場裡顯得特別冷清。在舉行告別式之前，遺屬告訴我老奶奶是怎麼過世的。

每到節日，家人都會聚在老奶奶的家。中秋節也是，前一天大家就已經回到老奶奶的家。每有一家人到達時，老奶奶就會抓著兒子、媳婦還有孫子孫女們的手，撫摸他們的頭，溫暖地迎接他們。

子孫終於全部到齊，大家一起圍坐著吃節日餐。老奶奶因爲非常年長，所以健康狀況不佳，但是那天看起來卻精神很好，吃得也特別多。她還親手給孫子們零用錢，陪家人的時間也比以前任何時候來得更久。原本幾乎一整天都要躺在床上的老奶奶，那一天有很長時間都是坐著，而且說的話比平常還多，也更開心。

到了隔天的中秋節早晨，老奶奶靜靜躺著沒有起床。睡了一整晚後，安寧地過世了。

我也祈禱，自己能有這樣平和安寧迎接死亡的幸運，在最後一刻能夠一一擁抱我所愛的人，然後安靜地像睡著一般。大家應該也都喜歡這種與世界告別的方式吧。

這家人的生活方式

有一天，收到委託說要清掃一個房間。只有一個房間……，雖然心中感到納悶，反正一到現場答案就可以揭曉，所以我只問了面積和樓層數，還有放置期間多久，就結束詢問。

到了現場一看，其實並不是只掃一個房間就夠了。惡臭不會因爲房門關上就聞不到，所以其他房間也要噴除臭劑，就連客廳的天花板和牆壁、傢俱，都必須在擦拭之後噴藥。至於發現亡者所在的房間，壁紙和地板應該也要全部換掉。

說明完畢後，有一位說是亡者孫女的年輕女性問我：

「如果噴藥的話，是不是就不能睡在家裡了？這樣就得和爸媽去旅館睡，大概要經過幾天才能回來？」

似乎至少需要一天的時間，才能讓除臭設備運轉完成，除臭方式是燃燒氧氣，然後一併將滲入氧氣中的惡臭分子燃燒殆盡。由於市面上販售的臭氧殺菌機無法完全除去惡臭，這台設備是經過許多次的試驗錯誤之後所設計的，設備在啓動狀態時必須關閉所有門窗，人也必須待在外面。

「明天晚上應該就可以回復原本的生活了。」

「好，了解。因爲爸媽開補習班，我也在補習班裡工作，大家都太忙了，所以奶奶過世四天後我們才發現。」

我這段期間去過許多現場，但卻是頭一回聽到同住的家人竟然死後好幾天才被其他家人發現。難道每天出入時都不會打個招呼說「我回來了」、「再見」嗎？難道這幾天都不曾在一起吃過飯嗎？

雖然瞬間閃過各種想法，但還是趕緊把這些念頭擱在一旁，先詢問家屬是否有需要特別轉交的物品。如果在打掃時發現了貴重物品、現金、圖章、照片、文件、手機等等，我們都會消毒過後再轉交給亡者家屬。除此之外，規定上我們會再確認是否還有其他東西需要轉交。

「她是一位奢侈的人，應該有很多珠寶。」

這樣形容自己的親奶奶，實在太令人吃驚了。

「整理好一個地方後再請通知我們。」

「好的。等整理好、設備啓動後要離開時，會跟您聯絡的。」

孫女很有禮貌地拜託我們之後就出門了。很客氣，看起來心地也不錯。但是唯獨對奶奶，談到她時爲何如此冷漠？

走進奶奶的房間，也許是因爲暖爐一直開著，房裡燠熱難耐到快流汗。不過因爲怕惡臭飄散出去，所以與客廳相接的房門及靠陽台的窗戶都不能開。我們只好一邊用袖子擦汗，一邊開始整理。

老奶奶似乎很喜歡爬山，她的房間裡有許多各式各樣的登山服、登山鞋、登山用品，化妝品看起來也比一般年輕女孩還多。從事這項工作久了，很自然學到的幾件事情之一就是認得各種品牌。老奶奶的東西大部分都是高級進口的名牌，衣櫃裡掛著好幾套貂皮大衣，其他衣服也看得出來都是高價品。由於纖維製品一旦滲入惡臭，就算洗好幾次也無法除臭，所以只能以丟棄處理。無論是看起來像新衣的高級服飾，還是散發光澤的毛皮大衣，全部都要丟進廢棄物箱子裡。

打開梳妝檯抽屜一看，裡面有好幾本百貨公司銷售的寶石品牌目錄。寶石通常買的時候很貴，等賣的時候就變得沒有價值。此外抽屜裡還倒出許多用耀眼的寶石所裝飾的華麗胸針、項鍊、戒指、手鐲。

如果看到貴重物品，一般我們都會拍照存檔。記得以前曾經看到報導，說有其他同行違反「不要對別人的財物起貪念」這條最敏感的行規。整理亡者的遺物原本是要減輕遺屬心中的悲傷與痛苦，如果還惹出這樣的禍端，這對公司將來的經營一定會產生負面影響。所以爲了以防萬一，在抽屜打開之前，以及發現貴重物品的當下，不管打掃前或打掃後，我都會拍上好幾張照片。一般大概會拍到五十到六十張，甚至還曾經拍到一千五百張之多。

接著整理下一個抽屜，裡頭有存摺和信用卡通知單，還有各種什麼基金寄來的繳款通知。一百萬元韓幣、一百五十萬元韓幣、三百萬元韓幣等等，幸好金額不大。另外抽屜裡也有看到存摺止付的通知書。

「奢侈的人」，我似乎明白孫女爲何這麼說了。不過家人如果偶爾能在同一張餐桌上一起吃飯，即使只是短暫的聊天，奶奶還有必要透過奢侈來慰藉心中的孤單嗎？

打掃完奶奶的房間後，我們又打掃了客廳、廚房和其他房間。廚房裡看不出有煮食的痕跡，冰箱裡也沒有存放可以做爲老人用餐的食物。主臥房及孫女房裡散布許多未折疊的衣服，看起來衣服洗完後就擱在那邊，根本沒有收進衣櫃。

客廳的沙發椅上也堆滿了衣服，沒有分是洗過的，還是待洗的衣服。衣服上面和客廳地板都鋪著一層厚厚的灰塵，那裡放了三個高爾夫球袋，上面覆蓋的灰塵幾乎厚到一吹就會打噴嚏的程度。

灰塵太厚，無法用撣的，只好拿乾淨的毛巾沾水一一擦拭。從陳列櫃、床頭櫃、桌子、一直到沙發，全部一擦再擦。灰塵量並非一次就可以擦乾淨，帶去的毛巾不夠用，只好不斷地重複洗了再用。

打掃的同時，我心中一直不停地想，原來老奶奶「放置」在那裡不只四天了……。長期以來，老奶奶就像獨自一人生活在孤島中一般。

老奶奶變得奢侈，難道不正是家人所造成的？這裡就像是有人住、寫著「此處僅供睡覺」的家，雖然因爲有暖爐而不至於受凍，但卻是一個毫無溫度、冷清的家。

當然，或許是因爲家人忙到沒有片刻可以喘息，畢竟經營事業是一件即使你投入全部的時間和能量等資源，也不保證會成功的辛苦工作。我也是一邊聽著「不要只顧公司，也要關心家人」的抱怨，一邊經營事業。更何況這一家人除了老奶奶之外，所有人的時間全都被綁在補習班的工作上。

站在家人的立場，反而對老奶奶有些抱怨。奶奶只會用逛街購物來打發時間，卻不願幫忙一回到家只想休息的子孫晚輩們做些家事。很多女性長輩都會幫雙薪家庭的子女做家事、照顧孫子。需要靠撿拾廢紙去賣來維生的孤單老人也是不計其數，和他們相

老奶奶變得奢侈，難道不正是家人所造成的？這裡就像是有人住、寫著「此處僅供睡覺」的家，雖然因為有暖爐而不至於受凍，但卻是一個毫無溫度、冷清的家。**長期以來，老奶奶就像獨自一人生活在孤島中一般。**

比，老奶奶簡直過得像皇后一般的生活，有個寬敞乾淨的家可以度過溽暑與寒冬，也不用爲了求溫飽而必須工作，甚至連家事都不用做。

即便如此，還是讓人難以理解。在打開玄關門踏進家裡的那一刻，不可能什麼都沒發現。應當會聞到什麼味道，然後進奶奶房間一探究竟才對，但是三個同住的家人都沒有這麼做。超過四天沒見到奶奶，竟然沒有人覺得奇怪。這正是長久以來，這一家人對待奶奶的獨特方式。

我在腦海中不停地想這些問題，手邊的作業也差不多完成了。分解惡臭的設備打開後，我撥電話給孫女，告訴她我還會再來拜訪。

第二天來將設備撤走，進行最後一次噴藥後，我待在那裡等候其他家人回來。不久後，昨天見到的孫女和她的父母，以及因喪禮而回國的姑母和姑母的女兒，一起進來屋裡。

「奶奶房間的壁紙和地板已經撕除，生活用品也都帶走了。還有客廳和其他房間也做完了除臭及消毒。因爲剛做完最後一次噴藥，只要四天後讓屋內先換氣通風，然後重新貼壁紙，房間就可以再度使用了。」

「眞是辛苦您了，幫我們做這些困難的工作。不知道有多麼感謝您，謝謝！」

父母一邊道謝，一邊頻頻低頭。

「對了，您吃過飯了嗎？如果還沒吃，我們希望招待您吃個飯。」

「謝謝，不用了。」

家人親切有禮，不會給人做作的感覺，只不過看起來不像其他遺屬一樣悲傷或哀慟。我走出那間屋子，彷彿好像只是來幫人做搬家清掃的感覺。

改變世界的前進力量

一張床，還有書桌兼收納櫃用途的抽屜櫃一組，就是小房間的所有傢俱，甚至連衣服也只有幾件而已。在這個小而簡單的房間裡，到處都有蛆在爬行蠕動。蛆群不斷從插座孔裡冒出來，就連撕除壁紙時，也都可以發現裡面有蛆。蛆的身體和排泄物已經散發出腐敗的屍臭，所以必須徹底除去。我們將壁紙和地板撕除後，用吸塵器吸遍每一個角落，而且必須將插座分解，把躲在裡面的蛆逼出來。

我們將僅有的幾件遺物裝入箱子裡，還一併拆解床和收納櫃。拆解時發現，抽屜裡裝滿了像指甲油之類的物品。衣服或鞋子等遺物看起來讓人以爲是男性，難道亡者是女性嗎？再仔細一看，書籍也都是資格考試模擬題目等與美甲師相關的書。放在角落的紙箱裡裝滿了人造指甲，不知是否做爲練習使用，有很多是用各式各色指甲油塗上花紋的漂亮指甲。是一名相當手巧的女性，但爲什麼穿著男生的衣服和鞋子？

過了一會兒，我突然領悟到自己的偏見有多麼嚴重。並沒有人規定美甲師一定是女生，也沒有人說過男性不能以美甲師爲業。甚至搞不好「只有女生可以當美甲師」的偏見，與亡者的死有關也說不定。

不管他人的看法如何，亡者一樣認眞地上補習班，每天不斷重複練習，而且用手頭不寬裕的錢買齊每一件材料。這個職業不像公務員一樣穩定，也不像大企業員工可以賺很多錢。如果不是眞的懷有熱情，是不可能投入這項工作的。亡者眞心喜歡這個工作，也決定要從事這項工作。

他所住的單人套房，位於年輕人愛去的弘益大學（홍대）鬧街。那裡曾經住著一位爲夢想而努力的人，然而現實生活卻不容易。

「沒關係，你一定可以的。」

書桌上有一張便條紙這樣寫著，卻反而道盡了其實不可能「沒關係」。這已經是六年前的事了。聽說現在也能看得到男性美甲師，甚至男性去美甲店接受美甲服務也早已見怪不怪。只要再忍耐一下，今日他就可以達成夢想了，然而當時的他卻選擇了死亡。

沒有人會希望別人知道，自己家鄰居有一個年輕人死了。所以整理現場時，年輕人死亡這件事被要求保密。我們被要求說如果有人問起發生什麼事，就捏造說是一隻根本不存在的狗死了，而且不只不能哀悼，有時甚至還要假裝責罵亡者，怪他將狗拋棄不理，害狗餓死。

不管是年輕人的死亡還是編造狗死亡的謊言，都是因爲在意周遭他人的眼光及認知而造成的。在新聞看到令人遺憾的死亡消息，大家會表達悲傷及哀悼，但若是鄰居有人死亡，反而覺得害怕、不舒服。或許就是這種心態與想法，使得有些人放棄了人生。嚴格來說，自殺和孤獨死正是我們的冷漠及不關心所造成的——也就是另一種「殺人」。

在我發覺自己帶有嚴重偏見的當天，我想到有人可能因爲那些固執觀念或偏見而受挫，甚至因此受傷、失去勇氣、放棄人生，我心中又再度感到沮喪。我自己也是因爲偏見，所以在工作上嚐盡苦頭，然而我卻沒有同時眞正地反省自己。我們透過態度與言行所反映出的想法，都可能因此去傷害到或是挽救到一條生命。

我同時心想，我不該去迎合世界的標準，而是應該配合自己的想法去改變世界，難道不是嗎？人生的方向盤是在自己手上，我只不過是想慢慢轉個彎，有什麼錯嗎？如果走上一條和別人不同的路，不是更能感受到些許活下去的樂趣嗎？

因思念而失去了眼睛

一位令人驚豔的美人，聽說是亡者的妹妹。

「姊姊失去聯絡已經一年了。後來接到警察的電話，說姊姊已經死了。」

綜合妹妹一連串的喃喃自語，姊姊不管在個性或外貌，甚至工作上，都是相當完美的人。全家人都愛這個姊姊，尤其媽媽的疼愛與眞情更是極致。因爲姊姊太完美了，妹妹絲毫沒有嫉妒的想法，只覺得她是一個讓人感到既驕傲又尊敬、踏實的姊姊。

有一天，這個姊姊突然失蹤，只留下一張紙條交代不要找她。家人去公司找她時，公司只說她忽然提出離職，公司反而想問家人原因是什麼。姊姊失蹤後，媽媽就因爲腦中風而昏倒，至今還在住院。到姊姊失蹤前爲止，這是一個令人稱羨的家庭，總是溫暖又和睦。

妹妹繼續不斷地說，說姊姊怎麼會變成了屍體，問姊姊爲什麼要離開家，問現在該怎麼辦，哭了又哭，看起來受到很大的衝擊。我請同事出去買水來給她喝。不久後妹妹開始鎮定，接著馬上又說該去警察局，就匆匆忙忙地起身離開。

亡者家裡很豪華，傢俱、衣服和所有東西都是高價品，所以應該不是爲了錢。她沒有罹患疾病，如果是因爲生病而悲觀的人，通常可以找到大量處方藥，但除了維他命劑外，就連常見的感冒藥都沒有。

亡者的經濟狀況充裕、身體健康，而且年輕又漂亮。看到抽屜裡的照片，亡者像女明星一樣美麗動人，連漂亮的妹妹也比不上。這樣的人爲何會如此？況且她與家人也沒有相處不和的問題，根本不需要到離家斷絕音訊的程度，相反地家人都深愛著她。

心中的疑惑持續不斷。打掃時看到了信用卡帳單，直到最近她都還在購買各種寵物狗用品，看起來很專注在養狗。不過環顧四周，並沒有看到家中有狗。

這時有一位老奶奶走進屋裡。

「嘖嘖，這個小姐很漂亮，很可惜一個活生生的人，怎麼會變成這樣？」

「我們只是來打掃的清潔公司，原因我們也不清楚。」

「如果連隔壁都掃，大概要一整天吧。」

「隔壁？」

「隔壁的占卜館啊，小姐不是算命仙嗎？那隻狗好愛叫，因爲太吵了，住在前面的人跑去報案，才發現這件事。」

至此一切疑問才水落石出。我打電話給妹妹說明這件事，過不久妹妹就跑來這裡。

「你說我姊姊在占卜館當算命仙？」

雖然我又告訴她一遍，但她還是一臉無法置信的表情。

「不可能的，我姊姊在幫人算命？嗯？現在馬上去看。」

我們一起往隔壁的房子走去。那裡掛著旗子，一看就知道是問命相館。進到屋裡馬上聞到一股特有的香氣，還有伴隨著一陣狗的體臭味。這屋子裡應該有狗，果然在角落裡放著迷你狗屋，裡面有一隻瘦骨嶙峋的西施犬，小狗一邊發抖一邊看著我們。牠緊閉一隻眼睛，那隻眼睛下方還殘留著深色的血跡，似乎眼睛曾受過傷。

過程中不斷傳來嗚咽聲，我看了一下四周，妹妹手裡拿著一本記事本，肩膀不斷地抽動。我將面紙遞給她，同時把記事本接過來看。

已經吠叫到眼睛受傷，甚至到了要進行摘除手術，可見呼喚主人的心情多麼殷切。這隻小狗因為思念而失去眼睛，她的主人也因為思念而失去生命，媽媽則是失去健康。**無論是人還是狗，最痛心的事就是無法和所愛的人在一起。**

寧可不要對我那麼好，因爲媽媽，我已經快要活不下去了。媽媽爲我所做的一切，我銘記在心底，讓我覺得快要活不下去。不要對我那麼好。爲什麼如此心痛？即使我不在，還是可以好好地活著。但是如果沒有媽媽，我要怎麼活下去？

她似乎是這一年來首度聽到母親中風的消息。她隱瞞被神靈附身的事，離家躲起來，也是爲了媽媽。爲了家人，她打算獨自承受這突如其來被改變的命運，但是卻無法擺脫孤獨及恐懼。愈是吃力，愈讓她深刻思念起母親的愛，於是她把精神放在小狗身上，爲狗買了許多昂貴的物品，用這種方式支撐著度過每一天。然而，必須媽媽還在人世，她才能活得下去。只要知道世界上還有人愛著自己，我們總是可以從中獲得生存的力量。

不過這個爲媽媽著想的選擇，反而讓媽媽因此病倒。亡者心中的自責難以言喻。子女即使殺了人，很多父母都願意代子女頂罪。母親如果知道她的情況，可能會擔心女兒受到衝擊，反而給予更深的包容。然而在了解這件事之後，才發現太遲了。不，雖然還不遲，但她卻認爲事情已經無法挽回而陷入絕望。

心中閃過許多想法，但畢竟我是第三者。在非當事人的情況下，如何能知道那些深入的細節。

妹妹還在低聲哭泣。看到姊姊的遺體已經難以承受了，現在又發現所有事情的起因在於姊姊遇到神靈附身，受到的衝擊似乎更大。我只能眞心表達慰問之意。

妹妹離開這裡前往母親住的醫院。媽媽可知道自己一向疼愛的女兒已經離開人世了？想來眞令人心痛。

我打電話給妹妹，告訴她已經打掃結束。妹妹只說一句：「辛苦了！」正當她想掛電話時，我趕緊問她一件事。

「小狗要怎麼辦？」

她只簡短回答叫我自行處理。雖然是姊姊疼愛的寵物，但她卻沒有看在眼裡。

我在苦思之餘，決定先將狗帶到辦公室裡。在處理完廢棄物回程的路上，我繞過去動物醫院一趟。經過診察之後，醫生告訴我：

「眼球凸出來了，看起來沒有外傷，應該不是外部衝擊造成的。小狗如果長時間吠叫，眼壓就會上升，最後可能導致眼球凸出。先治療看看，如果還是無法癒合，就必須進行眼球摘除手術了。」

已經吠叫到眼睛受傷，甚至到了要進行摘除手術，可見呼喚主人的心情多麼殷切。這隻小狗因爲思念而失去眼睛，她的主人也因爲思念而失去生命，媽媽則是失去健康。無論是人還是狗，最痛心的事就是無法和所愛的人在一起。

第四章

我們真正 留下的東西

年輕時之所以瘋狂地拚命工作，或許正是因爲那天的記憶吧。回首過往，那天的我有多麼地愚蠢，竟然因爲貧窮而自行放棄最珍貴的初戀。要經營一種屬於人的生活時，金錢雖然是必需不可或缺的東西，但因爲金錢而去毀損愛情，這個代價未免太大了。如果能稍微放下對物質的崇拜和執著，我們也許就能愛得更多，也能得到更多的快樂。生活也將因此變得更爲豐富、更幸福。

更加熱愛生命及愛人的方法

這是某個尚未開發的社區，只能用「幾乎快倒塌」來形容這房子。沒有其他食物，清一色是直接醃製的辣椒醬、豆瓣醬、醬油、各種醬菜等的混合。第一步是先將味道重的食物搬出來。

抽屜裡裝滿了不知裡面是什麼東西的塑膠袋。袋口綁得太緊，要鬆開時弄痛了手指，後來乾脆直接撕開來看，原來裡面是衣服。一件又一件的衣服塞滿了塑膠袋。和同事兩個人必須無止盡地不斷撕塑膠袋，每次撕開就會看到還掛著價格吊牌的新衣服。

花了超過一個小時的時間，才將塑膠袋分類完畢。所謂的塑膠，也不完全都是一樣的東西，如果不分類的話，廢棄物處理場就不會回收。

正當納悶為什麼包括襪子和內衣等所有衣物全都一件件裝在塑膠袋裡時，身為屋主的大叔剛好走進來。

「離婚後就和孩子分開，然後一個人住。講好每個月要收多少房租，但是一次都沒收到。想說也沒多少錢，就算了……。」

結果，不收房租卻成了亡者被放置超過半年的原因。如果房租被拖欠，房東通常會過來一趟，要是這樣就可以更早發現了。

超過半年，鄰居卻沒有人知道。彷彿像是靜止在過去某個貧窮的年代一樣，這個社區還彌漫著水溝及污水所散發的味道。大概因為這樣，所以對新發出的惡臭也不以為意。屋主的態度看起來也沒有太多驚訝或慌張的模樣，是漠不關心還是不甘願，總之感覺好像無所謂。

聽說亡者在成衣工廠工作，所以才有那麼多新衣服。既然一個人住，三餐買外食就可以了，他卻直接配各種醬菜、醬油、辣椒醬吃飯，免費得到的新衣服都收起來綁緊，連自己都不曾拿出來穿。沒想到這些衣服最後全都進到了廢棄物處理場。

是否因為處理過太多現場的緣故，比起剛入行時，我發現自己現在更能以職業的角度去看待工作。不過我對一件事的看法依然沒變，那就是處理亡者生前珍愛的物品時，所覺悟到的「死不帶去」這句話的涵義。我總覺得不要在自己一旦死後就失去用處的物品上浪費人生，這個想法至今仍然沒有改變。

所以現在的我沒有什麼捨不得丟棄的物品。有些東西可能因爲不知道什麼時候用得著，或是只用過幾次的新東西，又或者因爲價格昂貴，所以明明不再需要，卻還是一直保留著，這樣只會讓生活變得複雜。家，應該是去愛、去休息、去做夢的地方，我不希望堆滿太多物品。因此再也沒有什麼東西，是我心裡想要但得不到而令自己傷神的。

仔細想想，我們爲了擁有物品，耗費了多少時間與精力。爲了買房子、買好的車子、買高級的衣服，或是爲了進名校、找個好工作，再加上爲了讓孩子也走上相同的路，我們犧牲掉的東西太多了。當然，認眞過日子是好事，爲了得到想要的東西鍥而不捨地努力，也是我們人生中該做的事之一。

不過這些卻是帶不走，也留不下來的東西。眞正留下來的不是房子，不是從什麼學校畢業，也不是錢，而是我們曾經愛過的記憶。愛與被愛的記憶會一直保存很久，即使在我離開人世後，也會溫暖地覆蓋著世界的某個角落。

過去有很長一段時間，我也認爲物質很重要，甚至一度認爲身無長物的自己是個毫無價値的人。最初的記憶大約是在十五歲的時候，當時說要準備考試，就和同學們相約

要經營一種屬於人的生活時，金錢雖然是必需不可或缺的東西，但因為金錢而去毀損愛情，這個代價未免太大了。如果能稍微放下對物質的崇拜和執著，我們也許就能愛得更多，也能得到更多的快樂。生活也將因此變得更為豐富、更幸福。

到圖書館，結果都在閱覽室裡傳紙條及竊竊私語，有時則會盯著其他學校的女學生看，是相當有趣的一段時光。

我在那裡認識了一名女孩子。我的同學當中有人原本就認識她，所以我們四個人常用念書做藉口，然後約在圖書館碰面。雖然只是帶著幾包餅乾，在圖書館前的公園一邊分著吃、一邊聊天，但是因爲有那名女孩在，所以總希望時間一直停留在此刻。

明明喜歡卻又不擅言辭的我像個傻瓜，有一天朋友就帶那名女學生來到我家門口。朋友的意思是叫我告白，但別說是告白，我根本連好好打個招呼都做不到，轉身就跑進家裡。

幾近破舊的家被別人看到，這點讓我感到難爲情。進到家裡後，我蜷縮在衣櫃與牆壁間的空隙中，在那裡呆坐了好一會兒。貧窮讓我感到丟臉，也爲自己的一無所有感到傷心。和那名女學生比起來，我什麼都不是，我對這樣的自己發火。從那天之後，我再也不和那個女孩子見面。

年輕時之所以瘋狂地拚命工作，或許正是因爲那天的記憶吧。回首過往，那天的我有多麼地愚蠢，竟然因爲貧窮而自行放棄最珍貴的初戀。要經營一種屬於人的生活時，金錢雖然是必需不可或缺的東西，但因爲金錢而去毀損愛情，這個代價未免太大了。

如果能稍微放下對物質的崇拜和執著，我們也許就能愛得更多，也能得到更多的快樂。生活也將因此變得更爲豐富、更幸福。

無法表達悲傷之時

幾年前開始實施犯罪受害家屬協助制度時，我也開始支援犯罪受害現場的清理。我們一夥人簡稱爲「犯受」的犯罪受害現場大部分是殺人現場，現場的樣子通常會原封不動地述說這裡發生過什麼事。

被打破及粉碎的物品零亂散落，牆上及地板烙上紅色的手印及腳印，有時還會看到一把把被扯下的頭髮。被害人拚命地閃躲，加害人對掙脫的被害人追殺到底。而留下最多血跡的地方，就是被害人藏身的地方。

我們將寫著「禁止出入—POLICE LINE—偵察中」的黃布條撤除後，向屋內走去。屋裡到處都沾上了採集指紋用的粉末，同時也看得到隨著血跡方向而貼附的膠帶。還有臉上帶著驚惶失措表情的兩名被害人的姊妹，也站在那裡。

案件的發生，從與一名男子的認識交往開始。被害人是個虔誠的佛教徒，有自己經常拜訪的佛寺。離婚之後獨力撫養女兒，同時也或許是因爲孤單，所以對每次拜訪佛寺都給予溫暖接待、傾聽自己心事的僧侶產生好感。

僧侶也一樣，兩人之間的距離急速拉近，爲了與這名女子一起生活，僧侶決定還俗。曾是僧侶的男人與身爲信徒的女人就這樣再婚了，而且過著一段幸福的時光。然而好景不常，才幾個月的時間，男子就說他必須要再回去佛寺，他說世俗的生活不適合自己。佛性深厚的女子理解這名曾是僧侶的男子，於是答應他離婚，讓他回到山裡去。

再次遁入空門的男子有時會打電話給她。除了問候及聊天外，電話結束前還請她寄些錢給他。金額不大，所以她一開始並沒有拒絕。但是他後來要求的金額逐漸增加，當匯款不足或是送金延遲時，他就馬上打電話過來催。如果打完電話後還是沒有順應他的要求時，甚至直接找到家裡來行使暴力。

女子到處借錢給男子，同時也慢慢感到疲累。有一度她曾經拒接他的電話，卻又擔心他跑來家裡耍賴，所以那天還是接起他的電話。男子同樣開口要錢，女子鼓起勇氣斷然拒絕，回應說她不僅沒錢，而且兩人離婚都已經一年了，現在兩人毫無關係，就算有錢也沒有理由給他，以後也不要再聯絡了。女子講得一點都沒有錯，或許是因爲這樣，男子一言不發地掛斷電話。

幾天之後，從學校下課返家的女兒一進門，便嗅出家中發生不尋常的事。她看到血跡遍布，卻沒見到媽媽的影子。

「媽，媽！」

她用發抖的手打開浴室的門，發現媽媽昏倒在浴缸裡。

根據刑警的說法，男子犯罪所使用的，是連年輕人都不太拿得動的三種笨重鈍器。女子爲了躲避男子而逃到浴室裡，卻形同將自己關入再也無法逃脫的死路之中。

女兒報警後，母親被送往急診室。不過因爲傷勢過於嚴重，被認爲沒有救活的可能。就算是奇蹟式般地醒過來，也必須帶著重度殘疾度過餘生。

我爲了清掃而進到浴室裡。浴缸的四分之一盛裝著鮮血，對襯起亮白的浴缸，那道血光令人有種超現實的感覺。在如此淒慘的光景之前，女兒不知有多麼驚恐、害怕與悲傷。

由於鮮血不能直接排入下水道，所以我們必須用海綿擦拭後，再丟入病原性廢棄物箱子裡。不斷地反覆擦拭，雖然不容易拭淨，但也總算幾近尾聲。血跡全部擦拭完畢後，再用藥物洗淨每個角落。正當浴室快要清理完畢時，一名看起來像中學生的女孩子走了進來，是亡者的女兒。

女孩面無表情地說以後要住姨母家，所以回家來拿行李。同事在對她說明狀況時，她也只是偶爾回應，態度顯得有些冷淡。

女孩開始整理行李。大約經過一小時後，姨母說需要外出找些箱子回來，只剩孩子獨留在房裡。房裡安靜無聲，我們只聽到正在打掃的自己移動時所發出的細碎聲響，屋內安靜地像是沉潛水底一般。

房裡出奇地安靜，我按捺不住納悶走了過去。從半開的門縫窺向裡面，看到孩子的背影。孩子半彎著腰，將臉埋在母親的衣物堆裡。

「原來她在哭！」

孩子應該也明白，不久後母親傷勢危急的生命即將消逝，她將無法與母親一起生活在這間屋子裡，而她也無法再回到事件發生前的平凡生活了，這一切她都明白。孩子失去了母親，也失去了十五歲的生活，取而代之的卻是可怕的記憶。還有，因爲一個她曾經稱之爲「爸爸」的人，也使她對人產生不信任感與絕望。

孩子的肩膀還在抽動，卻仍然保持安靜，我心頭突然湧上一股憤怒。這個小孩子吞下悲傷、忍住痛苦，不敢表現出來。原本應該充滿歡樂及希望的十五歲小孩的人生，竟因爲這個根本不是人的男人而被撕得粉碎。

心想要用什麼方法安慰她，寧可她哭出聲音，我至少還可以遞個手帕給她。不過對

孩子應該也明白，不久後母親傷勢危急的生命即將消逝，而她也無法再回到事件發生前的平凡生活了。不過我們也同時了解到一件事。即使面對難以承受的苦難，最後還是要重新站起來活下去，這就是我們所謂的人生。

一個哭泣卻不想被發現的孩子來說，又不能輕率靠近她。難道這代表她對母親最後的一絲期待嗎？如果哭出聲音，會感覺像是已經變成孤單一人，是這種恐懼讓孩子屏息哭泣的嗎？

相當長的時間，孩子都是一個人在哭。直到姨母回來拿箱子給她時才停止哭泣，而且表情再度回復冷漠，彷彿未曾哭過似地，默默重新打包行李。

孩子往後還有多少日子必須獨自哭泣？她得壓抑那些悲傷和痛苦到什麼時候？只要回想起那天，腦海中浮現孩子把臉埋在母親衣服堆裡哭泣的模樣，我到現在仍然會心痛。

不過我們也同時了解到一件事。即使面對難以承受的苦難，最後還是要重新站起來活下去，這就是我們所謂的人生。

誰是真正的家人？

通常屋主在面對房客死亡時，行爲都會像個受害者。「爲什麼偏偏是我家？」是屋主的想法，他們會抱怨說房子需要打掃，而且萬一消息傳出去的話，以後很難再找到新房客。但是這一位卻像是自己犯了錯一樣，手足無措。

「身體還很硬朗，沒想到突然就走了。」

屋主說房客經濟狀況不好，所以只收取微薄的房租，將半地下的單人房租給她，至今已經住很長一段時間了。過世的老奶奶與出家的孩子失去聯絡，只靠著領取基本生活補助金及收集舊物變賣維生。舊物商的車子每個月都會來收購舊物一次，在此之前家裡總是堆滿廢紙，散發出異味，所以根本沒想到是房客老奶奶過世。屋主阿姨低著頭，彷彿像是罪犯一樣。

換季期間獨居老人暴斃的事時有耳聞。因爲太常見，新聞幾乎都不報導了。每當一到換季時，原本健康的人也會因爲免疫力急速下降，而容易引起感冒。這點對年輕人來說或許不成問題，但它卻有可能成爲衰弱的老年人突然死亡的原因。

收集布滿細菌的垃圾後堆放在家裡，這種不衛生的居住環境也會產生影響。因爲一個人住，三餐大多隨便解決，所以營養狀況也不佳。再加上碰到身體不舒服時，連個陪伴就醫的家人都沒有。

「我不曾進去過房間裡。但是老奶奶養了一條大狗，那隻狗現在不知怎麼樣了？」

「我去看一下再過來。」

光是堆積在門口的東西就很可觀了，竟然連房間裡也堆滿了廢紙。陽光照不進去而顯得幽暗，只要一移動步伐，就可聽見腳底踩踏蒼蠅和蟲蛹的窸窣聲。我找出開關將燈打開，房裡頓時一片光亮，這時我瞥見棉被上有個生硬的形影。

走近一看，原來是隻大狗。牠的毛色是白的，看起來大概死了一星期左右。

開始從事禮儀師的工作之後，我看過許多屍體，也處理過動物的屍體。雖然看過幾次死貓和死老鼠，但像這種大狗的腐屍模樣，我是第一次見到。那一瞬間我突然感到反胃，趕緊走到外面向屋主阿姨告知狀況。另外附帶告訴她，要一天內完成作業可能有些困難。

阿姨跟我們說拜託了，接著臉色黯淡地往屋內走去，我準備好藥品及工具後，就和同事一起回到房間裡。我們將狗的屍體裝入病原性廢棄物箱子中，同時發現旁邊還有另外一個痕跡，那是個身材矮小的形體，也就是老奶奶遺留下來的痕跡。

以前我曾經處理過某個孤獨死的現場。主人死亡後，獨自遺留下來的狗卻是滿嘴的鮮紅。因爲狗耐不住飢餓，而將主人當成食物，所以才存活了下來。

對所有生命體來說，求生是最重要的課題。那隻狗只不過是順從禽獸的本能而已。動物原本就是依著求生的本能而行動，所以我們能怪狗嗎？然而我眼前的這隻大狗卻沒能活下來。餓了二十多天，最後死在主人的身旁。牠對主人的情義，克服了身爲禽獸的本能。

與其說牠是忠犬，不如說因爲牠是家人。雖然子女拋棄了老奶奶，但是狗兒卻守護老奶奶到最後。

我有位朋友曾經養了一條名叫「耶比」的寵物犬，爲了帶小狗去散步，他放棄參加朋友的聚會，只要一下班就趕著回家，對這條養了十三年的小狗疼愛有加。耶比年老後身體急速衰弱，朋友將牠送到動物醫院。不過那家醫院沒有值班人員，半夜無法照顧耶比，結果當晚耶比就死了。醫院承認自己有疏失，也同意賠償，但是朋友和家人認爲沒有父母會拿子女的性命去換取金錢，所以拒絕接受賠償。對他們來說，耶比是家中最小的女兒、最小的妹妹。毫無疑問，也是他們的家人。

現在有愈來愈多人在家裡養寵物，尤其是獨居的人，伴侶寵物更是名符其實成爲做伴的朋友，也是唯一的家人。然而牠們只不過是動物，爲何會成爲人類的朋友和家人？

我們在工作上所承受的壓力，在生活當中所受到的傷害，通常都是來自於人。這些傷害包括遭到誤解、被拿去和他人比較、被輕視忽略、受到排擠孤立、被利用，或是遭到背叛。信任的朋友在背後攻擊自己；誓言永遠愛我的伴侶找到條件更好的人，就轉身離去。這個世界的人情日漸淡薄，不會毫無來由地對人親切，也不會沒有目的來接近你。帶著微笑和善的臉孔，已經不能完全相信，這就是我們現實中身處的社會眞相。我們在一生中會遇到許許多多的人，所受的傷害就有這麼多。

但是伴侶寵物不會帶給我們傷害。牠們不會表裡不一，不會背叛，更不會棄我們而去。牠們的信任沒有止境，牠們的愛沒有條件，而且始終如一地守在身旁。牠們更不會誤解，也不會利用我們的眞心，所以我們會養寵物當伴侶，從中獲得莫大的慰藉。

我常在孤獨死的現場見到孤單留下的小狗。牠們無法說話，但卻是眞正陪伴亡者到最後一刻的家人。

負擔
不曾稍減的愛

「六年前母親過世，父親一個人獨居。我因爲先生的工作而搬到外縣市，節日時才會去父親那裡……。他因爲得到糖尿病，視力持續惡化，腎臟功能也變差，兩天必須洗腎一次。糖尿病都這麼嚴重了，唯一的女兒卻爲了謀生在忙碌……。」

女兒陷入罪惡感當中，淚如雨下。

「常打電話說要去，每次都叫我們不用去。父親說我們照顧孩子也很累，不要老喊著要去看他，說我們去的話太吵，他不喜歡我們去……。」

亡者怎麼會不想見到獨生女兒和孫子們呢？其實身爲父母的心情，最先擔心的是怕子女太辛苦，而不是先考慮自己思念子女的心情。

女兒一直哭。每次打電話都會立即接聽的父親，這次卻沒有接電話，雖然覺得納悶，心裡卻只是猜想可能是去醫院洗腎，所以才沒接。可是到了隔天，然後再隔天，父親都沒接電話。她心頭一震趕緊過來看，但這已經是在父親過世之後的事了。

「身體如果不舒服，可以打一一九或是打電話給我。當時他不知道有多痛苦、多害怕、多孤單？」

女兒不停地嗚咽，就在這時她的電話響了。

「嗯，過來時路上小心點。孩子我托媽媽照顧了。」

聽起來像是和先生說話，她似乎先把小孩帶去婆婆那裡後才過來的。掛斷電話後，她說要先去一個地方，所以就先離開了。

我們開始整理房間。光處方藥就裝滿一整個箱子，我想起亡者女兒說的，「至少也叫個救護車吧」。我們父母那一輩總以爲叫救護車去醫院的話，醫療費需要花到數千萬元韓幣。不過身體不舒服本來就要去醫院，病得那麼重，他們卻寧可忍受痛苦掙扎。

就算多付些醫療費又如何呢？子女生下來後，要給他們吃的、穿的，還要讓他們接受教育，到了晚年稍微成爲他們的負擔，又如何呢？所謂的父母，很多就是一直付出到最後卻不懂得接受回報的人。

亡者就是這樣的父母。他住的地方是十坪多的小公寓，雖然夏天惡臭較爲嚴重，但整理得還算乾淨。

先做過噴霧消毒，接著就是將物品分類打包裝箱。有那麼多醫院處方藥，看起來應該是病死的。我們還看到很多相簿和相框，全部都是女孩的照片。照片裡幾乎包含了一個孩子成長的所有過程，從五、六歲上小學的小孩開始到成爲國中生，然後高中畢業，一直到變成二十幾歲亭亭玉立的小姐。這是亡者的女兒。

照片裡只有女孩一個人，沒有和媽媽合照，也沒有和爸爸合照。大概是已經離婚或母親過世，女兒從小就由父親獨自撫養。因爲沒有人幫忙拍照，所以也就沒有與孩子的合照。

我打開擺在角落的一個小箱子，裡面裝著滿滿的信紙，都是女兒寄來的信。雖然覺得抱歉，但還是開了其中一封來看。女兒向父親請安，表達對父親健康的擔憂，還提到她很想吃父親煮的泡菜鍋。

爸爸以前都會用入味的泡菜煮成泡菜鍋，我好想吃喔。這裡買的泡菜，怎麼都煮不出韓國吃過的泡菜鍋味道。啊，好想回到我們韓國的家。好想好想爸爸！

但是很奇怪，父親身上的舊疾其實已經來日不多，不過女兒在信裡提到父親的健

為什麼爸爸總是想獨自扛起所有的責任？其實可以讓子女一同分攤身上的擔子。同時身為子女及父母的我，無論站在哪一方的立場去想，都感覺為難。不過我很清楚一件事，經過一段時間之後，悲傷與自責將會慢慢模糊，但是父母給予子女的愛卻是永遠清晰。

康，卻只是依慣例請安的程度而已。父親怕異鄉的女兒擔心，所以隱瞞了自己的病況。

委託我們來打掃的朋友說他發現屍體時，亡者手裡還緊抓著手機。他問過當時來鑑定現場的刑警，亡者死前是否聯繫過哪裡，有沒有打過國際電話，刑警回答說沒有，而且還反問這位朋友。

「我們調查過身分，他有一個女兒，他們沒有住一起嗎？」

甚至就連他的手機，也沒儲存女兒的電話號碼。亡者之所以找電話，並不是為了通知女兒，而是為了打一一九求救。慢一步得知父親死亡消息的女兒，心中不知會有多慌張？

年紀大了，加上全身都是病，是否因為怕自己成為女兒的負擔，所以不敢向女兒求助，甚至還希望女兒忘了自己？即便自己每天都會看著相框裡的女兒好幾回，藉此撫慰心中的思念。

為什麼爸爸總是想獨自扛起所有的責任？其實可以讓子女一同分攤身上的擔子。否則子女不僅沒有一同承擔責任，連最後的送終都沒做到，反而留給子女無限的自責。

同時身為子女及父母的我，無論站在哪一方的立場去想，都感覺為難。不過我很清楚一件事，經過一段時間之後，悲傷與自責將會慢慢模糊，但是父母給予子女的愛卻是永遠清晰。那些愛不會消失，會持續留下來給我的子女，還有以後他們的子女。

如同春來花開

最喜歡這一類房子稀落、道路寬敞的住宅區了。如果是住宅密集的地區，幾乎不可能將卡車停進去。只要有一台車開進巷子裡，我們就必須先把卡車開出去，又進來一台車子，再開出去，不斷反覆。最多曾經有一次還來回跑了二十四趟。

房子前面可以停車，而且因爲在一樓，推車一次可以載到三、四箱。今天的作業似乎非常順利。

我們將載去的藥品及設備放在庭院裡，一位老爺爺走了過來。

「我住隔壁，聞到奇怪的味道就跑過來看……天啊！眞的嚇死我了，我只要想起那一天，心臟還會噗通噗通地跳。」

第一個發現亡者的人就是這一位。

「這位先生的父親是開拓仁川市的五大名人之一，是了不起的人物。在仁川如果有人不認識他，那個人一定是間諜。他的名聲，連國會議員都要禮讓三分。」

第一次聽到這些事。

「他好像是一個人住。」

「這些不成材的小子，老爸都死了，還不過來看。警察應該早就聯絡過他們了。」總之，子女只有告知玄關門密碼，但是沒有半個人來。

「早就知道，養大這些小子根本沒什麼用。把爺爺的財產分光，然後就不管爸爸了。這個老人也可憐，做生意全部賠光，被子女趕出來，所以搬來這裡住，原本感情很好的老婆也已經過世。警察說他好像是吐血死的，你看那裡，不是有幾百只空酒瓶嗎？沒有人幫忙準備三餐，只知道酗酒，就把身體弄壞了。」

在走上玄關的樓梯旁，果真有好幾百只酒瓶滾來滾去。臥房裡也是滿滿的酒瓶，掉在地板上的衛生紙和手帕則是沾染了鮮血，看起來有嚴重的咯血。

牆上掛著密密麻麻的相框，裡頭大多是些褪色的照片。有與名人握手的照片，有胸前別著花正在剪綵的照片，還有受邀參加活動的照片等等。照片應該是亡者的父親，體

亡者意志堅定地過著自己的人生，可是當太太離開人世後，他在傷心之餘也疏於照顧花卉和他自己。我結束打掃後從屋內走出來，看到庭院的樹木冒出一些新葉。這是對愛的回報，而整座庭院也將會明亮地綻放。

格結實，給人精明的印象。

也有些還沒褪色的照片，看起來像是亡者生前與家人的合照。膝下有二男一女，與父親不同的是，亡者臉部的線條比較柔和好看，體格也較為矮小。

「他們要求全部都丟掉，那相框應該也要丟掉吧。」

每當要丟照片時，心中就會異常地不舒服，彷彿像是丟掉一個人的感覺。把相框拆掉，再裝進箱子裡，這時剛才遇到的那位老爺爺一邊乾咳，一邊走進來。

「為了這些苦差事，辛苦了！喝一下這個吧。」

原來是提神飲料。正好覺得渴，喝起來滿過癮的。

「謝謝。」

「做這種工作，也會常看到屍體嗎？」

「不會的。警察都是在調查後才會找我們清理。」

「啊，原來如此。這名老人很喜歡花，以前做生意好像也是開花卉農場的樣子。不管種什麼花，都沒那麼簡單。只要一發生病蟲害，就什麼都沒了。那些小子把財產全部分光，又怕被年老的父母拖累，所以把他們丟在這裡。不過有件事很奇妙，那就是每年一到春天，這間房子的花就開得特別茂盛。也沒有人在照顧，一種下去很快就開花，讓庭院整個生氣盎然。花比人好，不像孩子連自己的父親都不認，父親死了都不知道。」

「原來如此！」

「他是有名望族的獨子，成長過程衣食無缺，做人謙虛又善良。從小身邊的人就對他有很深的期待，希望他能進醫學院或法學院，但是他卻故意連大學也不念，一心只想種花。問題就出在小孩身上。在老爸被吸乾之前，大家搶著說要做生意，財產都分走了，還一直慫恿老爸加入。但他不是一個貪心的人，他只想和老婆兩人種花過日子。」

老爺爺話說到一半暫時止住，然後望著庭院。

「人活著是爲了什麼，唉，眞是……。」

庭院裡種滿了樹，這些全都是會開花的樹。

身爲望族的孩子，特別是身爲獨子，從小就背負著家裡很高的期待。無論走到哪裡，「仁川開拓者之子」的標籤總是如影隨形。不管在家裡或是在外頭，他都無法擺脫父親的名字，獲得眞正的自由。

不過亡者是個質樸的人，沒有什麼野心，所以連大學也沒念，一認識心儀的女子就馬上結婚，兩人過著平凡的生活。但是孩子們從出生到長大後，心中開始有所期待，他們希望父親也能像有錢又有名望的爺爺一樣，成爲一個了不起的人。反正遺產很多，他們索性慫恿父親，大規模投資做生意。孩子們仗恃有那些遺產，也都站出來說要自己做生意。

就這樣他把繼承得來的遺產全部投入，雖然花卉農場最後失敗了，但是只要有心愛的太太和花，他就覺得幸福。他對現有的生活感到滿足，而且怡然自得。孩子們無法理解他的想法，就好像早年身邊的人不了解遠不如父親的他一樣。

通常愈是成功的父母，愈容易用自己的成功經驗，去強迫子女依循相同的模式。再加上他們可以提供許多支持及後援，所以愈是富有的家庭，對子女的期待就愈高。父母如果是成就高的人，身邊的人對其子女的關注與期待也相對較高。然而子女的人生是子女自己的，父親的人生卻是父親的。

亡者意志堅定地過著自己的人生，可是當太太離開人世後，他在傷心之餘也疏於照顧花卉和他自己，每日酗酒度日，終至吐出紅色鮮血而暈厥。

我結束打掃後從屋內走出來，看到庭院的樹木冒出一些新葉。現在雖然沒有人照顧，但是只要春天到來，花朵依然盛開。這是對愛的回報，而整座庭院也將會明亮地綻放。

愛過之後離開的巧克

我養了兩條狗，一條養在辦公室，一條養在家裡。同事對狗愛護備至，一天都會帶出去散步兩次。這隻每天都過得十分幸福的狗名叫「松茸」，是呼喊不再回來的主人喊到眼球破裂後，才被發現的傢伙。挨餓很長一段時間，原本只剩皮包骨，如今卻胖到快沒有衣服可穿。

另一隻狗叫「巧克」，也是在工作現場發現的。當我們到達孤獨死現場時，看到有個又小又黑的東西躲在水槽底。因爲房子位在半地下，即使是白天，屋內仍是一片黑暗，所以我們開燈檢查了水槽底部，才發現有隻巴掌大的小狗因過度驚嚇而正在發抖。

當時現場已經放置超過一個月，小狗應該餓了好幾個星期，沒想到這麼迷你的小生命還能存活，眞是神奇。我們小心翼翼地將手探進水槽底部，大概是沒有力量掙扎和咬人了，所以乖乖地讓我們抓在手裡。這是被稱爲「茶杯犬」的迷你品種，此刻僅能辛苦地維持著一口氣。

檢查過小狗的牙齒，確認是隻成犬，很難想像成犬怎麼會這麼小隻。可能是餓得太久，所以看起來又更瘦小了。應該要先找些東西餵牠，不過這裡雖然有飼料，但是擺在有屍體放置超過一個月的地方，這個飼料也無法再餵食了。因爲飼料有可能會沾到感染性病毒，導致小狗死亡。

同事出去買牛奶，這時屋主走了進來。

「哎喲，什麼味道！」

他接連咳了幾聲，摀著嘴巴，愁眉苦臉。想要說些什麼，卻又因爲摀著嘴而聽不清楚，只能憑感覺知道他在抱怨，但是突然死亡又不是亡者的錯。

亡者在人力派遣公司上班，每一天都忙著謀生度日。他從不曾拖欠房租，而且把一個男人獨居的屋子整理得很乾淨。幾個月前，他帶回來一隻狗，投注很多精神養牠。只要一下班回家，連衣服都不換，就馬上再次出門，帶狗去散步。

既然在人力派遣公司上班，亡者應該有做過營造工地的粗活。工作一整天，回到家時早已筋疲力竭，但他依然每天帶狗散步，沒有缺席。

「小狗怎麼辦?」

「拿付費垃圾袋裝起來丟掉啊。反正都快死了,裝到袋子裡綁緊就會死了。」

剎那間我還懷疑我的耳朵有問題。

「是快死了,又不是已經死了,怎麼可以那樣做?」

「那誰要養?主人已經死了,他養的狗也一起死啊。」

「我辦不到。」

「不會吧!來幫亡者打掃家裡的人,連這都做不到?如果做不到,那要不要直接丟棄,不然就乾脆帶回家養。」

對亡者來說,牠是珍貴的家人,但是對他人來說,卻如同一件可拋棄的物品。只要把牠洗乾淨,好好餵養一段時間,巧克仍是任誰看了都會喜愛的漂亮小狗。但是如果帶回家裡養,太太會不會同意,這還是一個問題。如果要帶去辦公室,那裡又已經養了松茸。

先從餵牛奶開始。我剪開紙杯,將牛奶倒進去,小傢伙環顧四周,察顏觀色一番,嗅了一下味道後,就驚惶失措地喝了起來。喝完之後還繼續舔著紙杯,我又再倒了一些,紙杯同樣馬上見底。因爲怕對胃造成負擔,我只能假裝沒看到那對充滿惋惜祈求的眼神,斷然將紙杯收走。我在紙箱裡鋪了毯子,牠就乖乖趴在那個位置。我在打掃時,忍不住一直將視線投往紙箱那裡。

「那個小傢伙到底要怎麼處理？」

最後，我還是把狗帶到辦公室。牠實在太髒了，我決定先幫牠洗過澡後再說。牠的體型非常迷你，用單手托住就可以洗了。抹上肥皀後用清水洗了三次，小狗變得乾淨許多。我拿毛巾包住冷到發抖的小傢伙，將牠抱在懷裡，心中產生了即使挨罵也要帶牠回家的念頭。

我的心臟怦怦跳，不知道太太和女兒會是什麼反應？女兒很喜歡小狗，每次在路邊看到小狗都會過去摸摸牠，但是……太太的反應卻令人擔心。

「哇，哇，是小狗！」

到了家一打開箱子，女兒興奮地到處蹦跳。太太則問我小狗是從哪裡帶回來的。

「從今天打掃的那間屋子帶回來的。我想說孩子應該會喜歡，而且體型嬌小漂亮，所以就帶回家了。」

雖然太太臉上閃過一絲不悅，但是因爲女兒喜歡，她的表情顯得有些無可奈何。女兒一聽到我說小狗挨餓很久，身體不舒服，就開始用手指端輕輕撫摸小狗的背。看到女兒這樣，太太和我都笑了。託這隻小狗的福，我們已經很久沒有全家一起笑了。

巧克在已故的主人身旁艱困地活了下來，然後又成為我們的家人，這些都不是巧克所選擇的——不管是一開始來到亡者的家，還是後來到我們家。但是，我終究認為這是巧克的選擇，**牠選擇帶給人們愛**。

每天工作完一回家，我都直接往浴室跑。如果想抱抱女兒，我必須要先洗過澡，但是洗完澡後，孩子通常也睡著了。每次都只能輕輕抱一下正在睡的孩子。但是因爲有這隻小狗，我不用直接奔向浴室，就可以坐在客廳聊天，和家人一起笑。

我們忘了睡覺的時間到了，女兒仔細瞧著小狗。

「牠要住我們家嗎？」

「當然。」

「我睡醒後，牠還會在我們家吧？」

女兒確認到小狗會和我們住在一起的答案後，才安心地去睡覺。

第二天帶狗去動物醫院檢查，醫院說是有嚴重的營養失調，所以長得瘦小，心臟也比較衰弱。果不其然，之後還發生心臟病，曾經動過兩次手術。

因爲毛色像巧克力般深黑，所以被女兒取名爲「巧克」的牠，從此成爲我們家的一員。巧克就像是女兒的手足一樣，所以對我們夫妻來說，牠也和我們的子女沒兩樣。從巧克來了以後，我們家比起從前更常充滿笑聲。

巧克和我們一起住了四年後離開，聽說像巧克那種改良過的茶杯犬壽命較短。即使在巧克死後很長一段時間，女兒依舊非常難過。

巧克在已故的主人身旁艱困地活了下來，然後又成爲我們的家人，這些都不是巧克所選擇的——不管是一開始來到亡者的家，還是後來到我們家。但是，我終究認爲這是巧克的選擇，也許是爲了帶給我們愛。

沒有人傷心的死別

接到屋主聯繫後找到那個地方，那是間看起來似乎一碰就會垮的木板屋。實在令人無法相信，首爾至今還有那種房子。屋頂一下雨就漏水，一下雪就彷彿無法承載重量般幾近崩塌。牆壁上鋪的不是壁紙，而是又厚又髒的報紙，到處都是裂痕。其實這裡根本不用打掃，應該直接拆掉才對。我不懂為什麼還要花錢打掃這種房子。不光是房子老舊的問題，還有它看起來眞的很危險。

不過既然都已經接受委託了，就應該把它處理好。我帶著驚恐的心情，進到屋裡開始打掃。到處都是蜘蛛網，物品也沒有半件是完整的。有生銹的湯匙和碗，還有掛在一邊的牆上、看不出原本是什麼顏色的一些衣物。

這裡的電鍋是那種類似「把開關下扳——煮飯、把開關上扳——保溫」方式的古早製品。電視也是「GOLD STAR」的牌子，那是金星電子的映像管電視機。金星電子大概是在一九九五年改名爲ＬＧ電子，所以這台電視至少也有二十年了。就只有這些東西了，其他像肥皀之類的生活必需品，完全沒看到。即便再窮困的家庭也都會準備的拉麵，這裡竟然一包都沒有。

心中突然有一絲悲哀。亡者都是吃什麼過日子的呢？物品實在太少，打掃並沒有花很多時間，這裡連需要撕的壁紙都沒有。正當在清除地板紙時，屋主又來了。他叫我們將遺物搬出去後就可以結束。其實打包的東西並不多，但是他說腰不好，沒辦法自己搬。

「唉，可憐的老人。」

警察搜索完後找到了亡者的弟弟，但是他拒絕領回屍體。因爲弟弟經濟狀況也不好，沒有錢可以辦喪禮。

這種事從我開始踏入禮儀師工作後，也曾經碰到過。原本以爲沒有親人，結果在找到遺屬、聯絡到人後，家人卻拒絕領回屍體。被拒絕領回的屍體通常會被送去做醫學解剖用，或是直接火葬。亡者應該也會比照相同方式處理。

也有不少最後仍是找不到家人的情況。這種情況大部分是因爲居民登記資料滅失，也有些是因爲姓名不正確。以前的人——尤其很多年紀大的老奶奶們，連自己的名字都不清楚，也沒有去辦理出生登記，這種情況很多。

因爲生活困難，無法去醫院，就算可以去醫院，他們也會爲了省醫療費而不願意去。萬一不得不去時，有的人甚至是借健保卡去看病。通常房租裡都已包含公共事業費用，而且是直接交給屋主，不會透過銀行匯款。因爲沒有辦居民登記，所以也無法列爲低收入戶補助對象或照護服務的對象。他們是雖然存在，但又好像不存在的一群人。

不過只要有錢，就很容易找到家屬，即使原本非親非故的人也會跑出來。以前曾經處理過一個現場，亡者在生前買了保險，警察調查期間都不曾出現過的親屬，後來直接領走了保險金。

不只獨居老人，街頭遊民也一樣。居民資料沒有登記，也沒人知道他們的名字，所以成了身分不詳的無親屬者。在親屬出現之前沒有足夠的地方可以安置，所以就直接被以火葬處理。

一場沒有人處理的後事，是一個難以相信的貧寒生命，以及沒有任何痕跡需要清理的孤寂死亡。生與死的本質都是孤單的，但是從親密關係中所獲得的力量，可以讓我們不輕言放棄，在世間努力追求生存，直到最後一刻。有了守護身邊親人的愛，可以讓人戰勝對死亡的恐懼，平靜迎接人生最後時刻的到來。所以沒有人陪伴的孤獨死亡，沒有人處理後事的死亡，看了令人份外心痛。

即使活在同一個天空下，依然有著我們不知道的世界。我曾經在無親屬認領的街友或獨居老人屍體被移做解剖用的相關報導裡，讀過回應的留言。留言中包含了各種意見，包括從提出質疑，認爲沒有事先得到亡者同意，怎麼可以擅自解剖，到指控國家恐怖的惡行等等內容。

不過，我並未看到關心孤獨死議題，以及試圖爲此提出對策的留言，也沒有看到正確解讀「無親屬者」（無緣故者）眞正意義的留言。

無親屬者，有可能存在嗎？人一出生，就有生我之人，也有由此血緣展開所連結之人。世界上不可能有無親屬者，只有遭家人遺棄，或是不被關心的窮困之人罷了。活著的時候沒有人關心，死了以後才因爲調查，而找出親屬。用殘忍一點的比喻方式，這和處理廢棄物有什麼不同。不被視爲國民的國民，不被我們當成鄰居的鄰居，就那樣獨自面對一場沒人爲他哭泣的死亡。

我們應該深刻思考的，並不是無親屬者的屍體該如何處理，而是思考我們的鄰居爲什麼必須孤獨地面對死亡。活的時候就付出關心吧！只有當國家把所有人當成一國之民同等對待，我們也對我們的鄰居不冷漠相視時，大家才有可能一起守護身爲人的基本尊嚴。

即使是孤獨死，總有家人處理後事。沒有人處理的後事，才是真正孤獨地死亡。我們應該深刻思考的是我們的鄰居為什麼必須孤獨地面對死亡。活的時候就付出關心吧！

[後記]

除了愛，還是愛

某一年冬天，下了一整夜的雪凝結在車子擋風玻璃上，必須要清除。我舀了一瓢熱水潑過去，住辦公室前方獨棟公寓的鄰居跑出來大喊：

「那台髒車有什麼好洗的！」

我們從現場運出的傢俱或雜物、垃圾等等，都會馬上找廢棄物廠商處理，不會帶到辦公室來。但是人們都不希望我們——包括我們的辦公室或車輛在附近。有好幾次甚至因為民眾申訴，我們還受到環境部調查。雖然沒做什麼虧心事，也不怕被調查，只不過相同的話要像鸚鵡一樣反覆地講，不免覺得厭煩。居民不喜歡和我們當鄰居，我們每三個月或六個月就要搬一次家，也非常辛苦。但其實如果沒有我們這一行的話，真正辛苦的是大家。我們也是人，偶爾也會抱怨一下。

搬過幾次家後，幸好找到現在這個絕佳的位置。這棟建物以前是鴨肉食堂，周邊有山包圍著，旁邊是供奉著慈悲佛祖的佛寺，前面則是週末農場。這裡的停車場也很寬敞。

雖然已經搬來兩年，我還是故意不換招牌。因為如果連這裡都要趕人的話，那我們大概只能躲起來了。為了提振在他人異樣眼光中背負著使命感默默工作的同事士氣，目前還不適合在市區格局方正的辦公室大方掛上招牌，但這也是無可奈何的事。人們對死亡的負面認知依然牢不可破。

偶爾也有人在網頁留言或用電話詢問，說想嘗試這項工作。他們誤以為這項工作很有展望，而且還沒有很多人做，收入應該很高。有人說想當員工，有人詢問創業的事，不過如果是基於前述理由的話，我都會鄭重地拒絕。雖然這項工作在生理及心理層面上都相當辛苦，但更重要的是沒有人告訴他們，每天都會受到來自周遭人們偏見的傷害，而且還要整理棘手的現場，實際收取的報酬也不高。

這只是一項職業，投入的人不需要帶著了不起的使命，把自己想成好像是要從事某種特殊工作的人。我們只不過是幫亡者搬家的人，這是身邊的人也都可能遭遇的經歷，帶著這種想法把它當成是自己家人的事來面對，才是從事這項工作最需要的態度。

開始從事這項工作之後，最常聽到的問題之一是「去到現場時不會感覺害怕嗎？」一開始當然很吃力，但是在經常接觸之後，現在就不會感到害怕了。有很多時候心中還是覺得沉重，畢竟接觸到的多半是那些有過痛苦經歷的亡者。

有些現場仍保留著亡者努力求生的痕跡，看了不免令人心痛。有的家中擺滿了從山中採得的桑黃菇、靈芝和各種藥草，還有好幾本民間療法，以及包含他們抗癌筆記的書本。不過他們卻在與癌症作戰一段時間後孤獨地死去。

如果當天遇到這樣的亡者，心裡會覺得備加艱辛。不過不管再怎麼累，我絕對不會飲酒。因為在整理生前孤單離世的亡者遺物時，看到最多的就是空酒瓶。每每看到空酒瓶，就會警惕自己不要因為酒而虛擲人生，殘害自己。

另一方面，我最常想到的就是家人。工作完總會想快點回到家中看女

兒，用力抱抱她。然後暗自發誓，一定要讓生活充滿更多的笑容和愛。

我從二十歲出頭開始從事禮儀師工作，同時了解到生命與死亡。我看過很多人生前連輕微的關心都感受不到，因而選擇了輕生，死後又沒有立即被發現，所以也無法安心地走。

由於職業上的特性，我碰到很多其他人不曾見過的情況，也有過許多經驗和感受，所以覺得應當如自己所體認的那樣，更認真地生活。因為不想看到有人為了愛情、為了工作、為了生活而選擇死亡，雖然能幫的忙很有限，但我還是申請了社會企業的認證，希望能創造一些工作機會。最後得到的成果是從三年前起，我們已與法務部取得聯繫，協助那些因犯罪而受害的人。

另外在很偶然的機會下，我們得以參加KBS的《演講一〇〇℃》節目，在節目中向大家介紹我們所從事的工作。我們還在節目中呼籲大家，每天要給身邊的人「三十秒」的關心。

這些全都與我想藉由這本書傳達的故事有關。我想讓更多人了解這個職業，進而打破偏見；也希望再一次提醒大家，在大家對身邊的人日漸冷漠、個人理想愈加強化的年代裡，我們是否遺忘了最珍貴的東西？我希望將我所學習到的東西與大家分享。

我們付出微不足道的關心，卻很可能成為某個人繼續活下去的莫大力量。重新接住原本想放棄的生命，當一條得以使其重生的牢固粗繩。衷心期盼至少一位讀者也好，在看了這本書以後，能改變對死亡的認知，並讓那位讀者，甚至其他人有些新的領悟。這段期間我所接觸的孤獨死亡者，都有些共通點——包括經濟上的困難、與家族或鄰居的往來斷絕，以及遺物中會出現子女的照片。他們在人生最後一刻，心裡仍然繫念家人。也許他們需要的只不過是一句溫暖的問候，而不是經濟上的支援與慰藉吧。

「今天忙些什麼啊？吃過飯了嗎？」

工作做完後，我常會撥個電話給父親。雖然只是一通沒什麼特別內容的簡短電話，但是只要聽到父親的聲音，就能感到安心，父親也是一直感謝兒子的來電。打電話給家人或朋友，並不是件困難的事。就算打電話比較麻煩，至少也可以傳一則文字訊息。

我們的簡短問候，或是一句溫暖的話語，都可能使我們珍愛的人選擇求生而非尋死。其實對我們來說，真正能留下來的，是曾經全心愛過誰以及被愛的記憶，僅此而已。

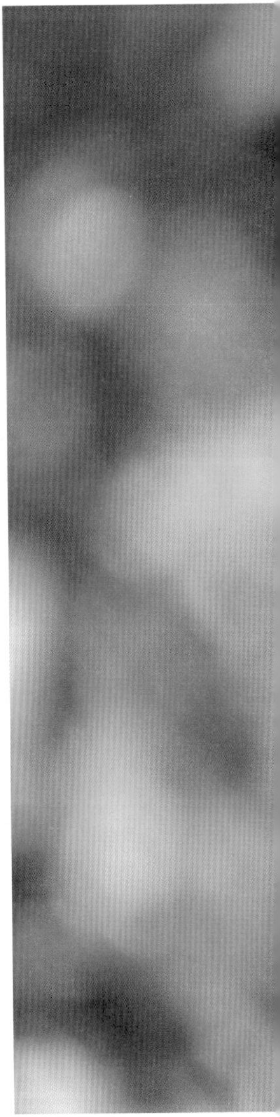

［附錄］

遺物整理師的叮嚀：

美麗完結之七大守則

一、請養成整理的習慣，建立生活秩序

是否常覺得「這個東西還有用」，所以就不丟而留下來了呢？居住空間棄置不整理，就等於也放棄了生活。實際跑一趟「垃圾屋」看的話，那裡並非一開始就堆放著垃圾。當我們感覺受到傷害，開始對人們失望，以及困於生計而使生活意志消磨時，懶散也會跟著上身。支撐我們日常生活的力量，

正是從吃完飯要洗碗、傢俱蒙上灰塵要擦拭、地板髒了要拖地之類的小事開始。請將用不著的東西果決地丟棄吧！或是送給身邊的人也可以。總之最重要的是維持我們生活空間的單純與清潔。我離開後的位置愈清爽，愈能減輕生者的悲傷。

二、如果有話難以說出口，請用文字寫下來

當所愛的人突然撒手人寰時，留下來的人心理將會受到莫大的衝擊。如果有還來不及說出的煩惱或痛苦，可以像寫日記一樣，將它一點一滴寫在筆記本裡，這個方法如何？此外，在面對面時因尷尬而無法說出的感謝或心中的愛意，也可以用文字來表達。請記得要將筆記本保管在顯眼的地方，好讓生者容易發現。對於那些因為你的離開而陷入失去親人痛苦的人來說，這是一點小小的體貼。

三、重要的物品請保管在容易找到的地方

從整理遺物的經驗來看，我們常會在櫥櫃下方、枕頭裡、相框背後等

處發現貴重物品或現金等等。大概是因為怕放在顯眼的地方容易被人拿走，所以藏在看不到的地方吧。不過這種遺物可能「哎呀」一下子不小心就丟失了。所以如果有自己死後必須被找到的重要物品，請保管在家人容易找到的地方。在死前事先寫好遺書，或是先告知財產要如何管理，也是好的方法。

又或者在你離開後，如果存在可能造成家人間糾紛的金錢問題，千萬別忘記一定要事先把問題解決。

四、不要對家人隱瞞病情

一位父親因為擔心自己成為獨生女兒的包袱，所以隱瞞病情，在獨自支撐六個月之後死亡。每天都要看女兒照片好幾次以解思念之情的父親，手機裡竟然沒有儲存女兒的電話。或許是因為害怕下意識撥了電話，會講些讓女兒感覺負擔的話吧。女兒在知道父親獨自承受病痛然後過世的事實後，受到相當大的衝擊。心中滿懷歉疚的女兒心理得了疾病，自此終生陷入痛苦。

對家人隱瞞病情，雖然暫時不會成為家人的包袱，但日後卻會讓家人自責一輩子。請記得一件事，就算公開病情可能會帶來一時的負擔，但是如果隱瞞不公開的話，卻反而讓孩子一輩子感到愧疚。有時還是需要有明智之舉，將自己的問題交給家人共同分擔。

五、充分使用所擁有的物品！

我們通常會有這種傾向，為了保管那些死後帶不走的東西，而花費過多的精力。我在整理遺物時，曾經找到一堆完全沒有使用過的新東西。有位亡者將賺來的辛苦錢存起來，每天三餐只配辣椒醬和泡菜，後來意外死亡，結果自己什麼都沒有享受到就離開了。一旦我們不在時，有些東西勢必要丟掉，如果現在不使用，將來就可能再也無法使用了。不要捨不得，趁身體還健康的時候好好地利用這些東西。

自從投入遺物整理工作之後，我學到最重要的一點就是應該好好使用自己擁有的物品，然後把不需要的東西果斷地丟棄。不知何時用得到、只使用過幾次的新東西，還有花大錢買回來的物品，都是一些不需要、但卻一直保留著的東西，這樣只會讓生活變得複雜。為了此刻還活著的自己，請不要捨不得使用已擁有的物品。

六、請爲自己而活，不要爲別人

在尋死的生前，很多亡者都對他人有所抱怨。「都是因為你，是你造成的，都是為了你……」。既然是這樣，當初就應該寧可被罵自私，也要為自己好好活著才對。因為別人，因為想幫別人，導致自己活不下去，這種行為有如傻瓜一樣。自己要先好好活著，才能夠幫助別人。

七、最後留下的，是與所愛之人的共同回憶。請多留下美好的回憶

進好大學、找個好工作、買房、買車，這些事情雖然有意義，但到最後全都帶不走，也不能留在身邊。真正能留下來的，是我們曾經彼此愛過的記憶。愛過與被愛的記憶會一直保存很久，即使在我離開人世後，它也會溫暖地覆蓋著世界的某個角落。你與心愛的家人有多常見面、吃飯、聊天？如果

因為現在很忙、有急事，所以延期，等以後想去做時，也有可能會無法實現。只要想像一下在自己閉眼的最後一刻，有什麼事是令你最不捨而一直保存在記憶裡，就可以知道現在應該立刻做的事是什麼了。請與心愛的人多留下美好的回憶，它會在你人生的最後一刻，溫暖地包圍著你。

國家圖書館出版品預行編目（CIP）資料

離開後留下的東西：遺物整理師從逝者背影領悟到的生命意義 / 金璽別著；蕭素菁譯.
-- 初版. -- 臺北市：商周出版：家庭傳媒城邦分公司發行, 2016.08
面；　公分
ISBN 978-986-477-060-1（平裝）

1.人生哲學 2.通俗作品

191.9　　105011228

BO0247
離開後留下的東西：遺物整理師從逝者背影領悟到的生命意義

原　　書　　名／떠난 후에 남겨진 것들 : 유품정리사가 떠난 이들의 뒷모습에서 발견한 삶의 의미
作　　　　　者／金璽別（김새별）
譯　　　　　者／蕭素菁
編　輯　協　力／李　晶
責　任　編　輯／鄭凱達
企　劃　選　書／陳美靜
版　　　　　權／黃淑敏、林宜薰
行　銷　業　務／莊英傑、莊晏青、周佑潔、石一志

總　　編　　輯／陳美靜
總　　經　　理／彭之琬
事業群總經理／黃淑貞
發　　行　　人／何飛鵬
法　律　顧　問／台英國際商務法律事務所羅明通律師
出　　　　　版／商周出版
臺北市中山區民生東路二段141號9樓
電話：(02)2500-7008　傳眞：(02)2500-7759
E-mail：bwp.service@cite.com.tw
發　　　　　行／英屬蓋曼群島商家庭傳媒股份有限公司　城邦分公司
台北市104民生東路二段141號2樓
讀者服務專線：0800-020-299　24小時傳眞服務：(02)2517-0999
讀者服務信箱：service@readingclub.com.tw
劃撥帳號：19833503　戶名：英屬蓋曼群島商家庭傳媒股份有限公司城邦分公司
訂　購　服　務／書虫股份有限公司客服專線：(02) 2500-7718；2500-7719
服務時間：週一至週五上午09:30-12:00；下午13:30-17:00
24小時傳眞專線：(02) 2500-1990；2500-1991
劃撥帳號：19863813　戶名：書虫股份有限公司
E-mail: service@readingclub.com.tw
香港發行所／城邦（香港）出版集團有限公司
香港灣仔駱克道193號東超商業中心1樓
電話：(825)2508-6231　傳眞：(852)2578-9337
E-mail：hkcite@biznetvigator.com
馬新發行所／城邦（馬新）出版集團 Cite (M) Sdn Bhd
41, Jalan Radin Anum, Bandar Baru Sri Petaling,
57000 Kuala Lumpur, Malaysia.
電話：(603)9057-8822　傳眞：(603)9057-6622　email: cite@cite.com.my

封　面　設　計／陳文德　　內頁設計・排版／豐禾設計
印　　　　　刷／鴻霖印刷傳媒股份有限公司
經　　銷　　商／聯合發行股份有限公司　電話：(02) 2917-8022　傳眞：(02) 2911-0053
地址：新北市新店區寶橋路235巷6弄6號2樓
2016年8月2日初版1刷
2022年5月9日初版8.1刷
Printed in Taiwan

ISBN：978-986-477-060-1